コンパクトシティと都市居住の経済分析

Ryuji Kutsuzawa
沓澤隆司

日本評論社

はしがき

　私事にわたるが、今から20年近く前にロンドンで生活していたことがある。毎年テニスの国際大会が行われることで有名なウィンブルドンという町であるが、普段の姿はロンドン中心部に50分くらいで通勤できる比較的治安の良い住宅街——シティからの直線距離で見れば東京の大手町から田園調布までの距離と同じ——である。この町の図書館に、日本で言えば明治維新の頃のウィンブルドン村の地図が掲げられていた。その地図は、ウィンブルドンが小さな村にすぎず、当時はテニスやクリケットをするには事欠かない広場や芝生に恵まれた場所だったことを示していた。

　同じような現象は日本でも欧米でも枚挙にいとまがない。明治の文筆家である国木田独歩が描いた武蔵野の姿は当時の「渋谷村」の風景であるが、今や東京の「副都心」である。フランス革命が起きたときのベルサイユ宮殿は、パリの住民が半日かけて行進し、パリの食糧事情を知らない国王に「パンをくれ」と訴えに行かなければいけない場所であったが、現代のベルサイユ宮殿の周辺はパリに通うビジネスマンが住む町である。要するに大衆社会が発生した20世紀の初頭から第2次世界大戦後の高度経済成長に至るまでの欧米や日本の都市は、ひたすら郊外に市街地を拡大させる歴史を体験してきたといってよい。

　第2次世界大戦後の高度経済成長期に都市は郊外に市街地を急拡大させ、そのことが、郊外においては、住宅の市街地の分散した立地や道路等のインフラ整備の遅れによるスプロールと呼ばれる現象を生み、中心部においては、居住機能の流出により、ドーナツ化現象と呼ばれる極端に業務・商業に偏った土地利用になる現象を引き起こした。こうした都市構造は、防災に対する危険性、遠距離通勤、居住環境の悪化などをもたらすこととなった。

　戦後の日本の都市計画行政は、こうしたスプロールとの戦いの歴史であったといってよい。郊外への無秩序な市街地の拡大を抑えるために創出された手法が市街化区域、市街化調整区域の線引きであり、開発許可制度であった。筆者が30年以上前に建設省（現国土交通省）に入省したときに勉強のためにと上司から最初

に渡された本は、『日本の都市計画法』（大塩洋一郎編著、ぎょうせい）であった。

この本のなかには、1969年に戦後最初の都市計画法を策定するに当たって、当初は「既成市街地」、「市街化区域」、「市街化調整区域」、「保存区域」という4つの地域類型を想定していたことや将来の大規模な開発事業を予備軍として当分の間開発を抑止する「開発保留地域」を設定することを検討していた等、当時の爆発的な人口や市街地の郊外への拡大を計画的なインフラの整備を伴った正常なものにしていくかについて、当時の行政担当者がいかに苦心していたかが書かれており、大変興味深かった。

当時筆者が関わった仕事で大きなものの一つに市街化区域に位置づけられた農地をいかに宅地にしていくかというものがあった。これもスプロールの落とし児のようなものであり、農地の海の中に住宅の群れが浮かんでいるようなまちの姿を見てなんとも複雑な心境になったことを覚えている。政策当局者の長年の努力もバブル経済など当時の経済情勢に対して必ずしもうまく対応しきれたとはいえず、市街地と農地が混在する地域が現在も多く残され、今もまちづくりを進めるうえで大きな課題となっている。

このように、高度経済成長の時期から、都市の過度な規模の増大を抑え、都市のスケールをコンパクトなものにする政策の方向性はすでに望まれていたということもできる。ただしコンパクトシティは、高度経済成長期の都市にだけ望まれる都市のモデルではない。むしろ、経済が低成長期に入り、人口都市のスケールも以前ほどには伸びない成熟期を迎えた欧米や日本の都市にこそ求められ、また現実性を増しているといえる。

人口減少や高齢化が進むなかで、人口や都市のさまざまな機能が中心部等に集約したコンパクトな都市こそ経済成長のエンジンになりうるのではないか、高度経済成長期に市街地の広がりとともに分散して配置されたハコモノ施設の維持運営のコストも抑えうるのではないか、温室効果ガスを抑制するために都市のコンパクトな形態が貢献しうるか、何よりコンパクトな都市は高齢者や子育て世帯を含めた都市の住民にとって利便性・居住性能に優れたまちづくりにつながるのではないかとコンパクトシティに対する期待は広がっている。これに併せた政策も講じられつつあるが、都市の膨張時代の政策の悪戦苦闘を目の当たりにしてきた側から見ると、経済のメカニズムにいかにかみ合った政策が展開していけるのかが大きな課題になっているように思う。

本書の第1の主題は、このコンパクトシティがもたらす効果と政策のあり方を経済学の視点から考察するものである。

この本が取り組むもう一つの課題は、都市の居住に対する満足度を反映する尺度としての不動産価格の形成要因の分析である。

　不動産もいうまでもなく経済活動の財の一つであるが、日本における不動産取引の現状を見る限り、不動産は通常の「財」とは見なされていないようである。バブル経済の影響だけでなく、それ以前から、不動産は決して値下がりすることのない投機の対象という誤ったイメージが定着しすぎたきらいがある。また、現在に至るまで地籍調査が進まず、不動産の取引価格情報の開示が十分進まないなど、情報の非対象性が不動産という財の効用を正しく反映した価格形成を阻んできた経緯がある。この点、例えばアメリカでは早くから不動産価格情報の指数化が進められ、コンピュータソフトを用いた不動産の価格分析・算定ができるという。日本でも、不動産取引に関わるこれまでのネックが解消されれば、都市の居住性能を正しく反映した不動産価格の分析が可能となり、不動産市場の発展につながるだけでなく、不動産の価格形成がいうならば都市の「聴診器」として、都市居住の「健康状態」を示すものになり、政策の企画や成果の検証にも活かせるのではないか。

　そこで、本書の第2の主題として今後の都市居住のあり方を検討するためのツールとしての不動産価格の分析のあり方を検討した。

　本書は、以上のような認識をもとに、2009年から2016年にかけて複数の学術誌に掲載された論文をもとに、加筆、再構成したものである。今から10年ほど前に、それまでの行政官としての政策立案や法制化を経済学の観点から検証したいとの思いから『住宅・不動産金融の経済分析』（日本評論社、2008年）という本を書いた。その後、国土形成計画の策定、建設統計の作成や経済財政諮問会議の事務局の仕事をするなかで、コンパクトシティや都市居住をめぐる政策の企画立案に関わる機会があり、もう一度こうした政策を経済学の観点から分析したくなった。

　幸い、2014年から政策研究大学院大学に出向する機会を得、恵まれた環境下で教育研究生活を送ることができた。この大学では行政の第一線で活躍する行政職員を多く受け入れ、修士コースで勉学する「まちづくりプログラム」を運営しており、現場での経験を踏まえた学生の論文は私の学術活動の大いなる刺激となった。私の活動を支えてくださったプログラムディレクターの福井秀夫教授をはじめとして、同プログラムの先生方に心から御礼を申しあげたい。

　政策研究大学院大学の金山良嗣教授をはじめとする住宅経済研究会の先生方や名古屋大学の黒田達朗教授、日本大学の山崎福寿教授、中川雅之教授、富山大学

の唐渡広志教授、東洋大学の川崎一泰教授等からは貴重なコメントやご助言をいただいた。これらの先生方のコメントが本書の作成の大きな力となった。国土交通省、地方公共団体の担当者から多くのデータ、資料を提供していただき、実務面からのアドバイスをいただいた。誤りがあれば、それはすべて筆者の責任である。

　コンパクトシティの分析については、JSPS科研費（基盤研究(C)16K03614）による助成をいただいているほか、都市居住における不動産価格の形成分析に関しては財団法人不動産流通経営協会から研究助成を受けている。私の所属している政策研究大学院大学からは出版助成をいただき、白石隆学長をはじめ、それぞれの分野で第一線の活躍をされている先生方、大学事務局の皆様からは、さまざまな形で励ましとご支援をいただき、私の学問に対する持続力と忍耐力の形成に役立った。また、本書の編集は、日本評論社の守屋克美氏に担当していただいた。3年越しの企画にも辛抱強く、ご理解とご支援をいただいた氏のお骨折りがなければ、本書は完成しなかったであろう。関係各位に深く感謝いたしたい。

　最後に、戦後の復興期から高度経済成長の時代にかけて地方行政に実直に取り組み、最近の日本経済社会の停滞に心を痛めながら、3年前に亡くなった実父にこの本をささげたい。

2017年1月

沓澤隆司

コンパクトシティと都市居住の経済分析

●

目次

はしがき……i

序　章　人口減少・高齢化社会における
　　　　　コンパクトシティと都市居住……………………………1
　1．コンパクトシティの形成が求められる背景……2
　2．次世代の都市居住のあり方を明らかにする意義……4
　3．本書で明らかにすること……5

第Ⅰ部　コンパクトシティの役割と効果

第1章　コンパクトシティに向けた議論と経緯………………11
　1．コンパクトシティの萌芽……12
　2．サステイナビリティの議論から始まったコンパクトシティ……14
　3．財政の持続可能性確保、都市の経済活性化……17
　4．日本の都市における都市構造の変化と議論……18

第2章　コンパクトシティの概念と指標…………………………31
　1．コンパクトシティの定義……32
　2．既往の指標の設定例と課題……33
　3．コンパクトシティの指標化……37

第3章　経済財政上の効果と課題 ································· 53
1．コンパクトシティが経済財政上の観点から期待される背景……54
2．財政支出額に与える影響の分析と課題……55
3．それぞれの地方自治体の経済活力に与える影響についての分析……68

第4章　持続可能性確保や居住性能への効果と課題 ················· 73
1．都市のコンパクト化が温室効果の負荷に与える影響……74
2．都市のコンパクト化による CO_2 発生量の縮減効果……76
3．コンパクトシティが都市居住全般に与える影響の定量的把握……77

第5章　コンパクトシティ形成を実現する政策と評価 ················ 81
1．コンパクトシティで講じられている施策……82
2．コンパクトシティに向けた施策の評価……95

第6章　都市のストックマネジメントと
　　　　コンパクトシティの形成 ································· 99
1．コンパクトシティの形成とストックマネジメント……100
2．日本の公共施設の維持更新……101
3．ストックマネジメントの現状と将来の懸念……102
4．諸外国でのストックマネジメントの動き……105
5．望ましい都市のストックマネジメントの姿……107

第Ⅱ部　次世代の都市居住のあり方

第7章　都市居住の効用を反映する資産評価 ························ 113
1．都市居住の効用を示す資産価値を推計する意義……114
2．資産評価の現状と課題……114
3．不動産市場の分析手法の変遷……117
4．不動産価格のデータとモデル……121
5．推定結果とその解釈……125
6．今後の分析の課題……129

第8章　都市居住における教育の価値 ······························ 131
1．教育水準と不動産の価値を論ずる意味……132
2．教育水準の把握が難しいわが国の現状……132
3．先行研究……133

4．分析の方針……135
5．推定結果とその解釈……138
6．教育による資産価値の改善を図るための課題……141

第9章　持続可能性の観点からの住宅リフォームの可能性……143
1．スマートシティや住宅・建築物の環境負荷低減に向けた取り組み……144
2．既往の研究……145
3．分析方法とデータ……146
4．今後の課題……156

終　章　これからの都市や住生活にふさわしい資産マネジメント……159
1．人口減少・高齢化下の都市居住のあり方……160
2．コンパクトシティや次世代の都市居住にふさわしい資産マネジメント……160
3．官民連携による取り組みの推進……161
4．今後の政策の方向性……167

《参考文献》……169

《索引》……175

《別表》各都市の標準距離、昼夜間人口、公共交通利用率の推移……179

序　章
人口減少・高齢化社会における
コンパクトシティと都市居住

　東京オリンピックが開催され、池田内閣が所得倍増政策を打ち出してからおよそ50年が経過した。その間にわが国は高度経済成長期を経験し、経済成長に伴って都市の郊外化が進行した。しかしながら、今後の50年間は少子化に伴い、これ以上の人口増加を望み得ず、むしろ人口は減少し、高齢化が進んでいくことが見込まれる。そうしたなかで、都市の活力や財政や環境の持続可能性を確保できる都市構造が求められている。
　本書は、持続可能な都市構造を実現する方策として、コンパクトシティと都市居住のあり方およびそれを支える政策の手法を提案する。

1. コンパクトシティの形成が求められる背景

　日本の都市は、人口減少・高齢化のなかで、都市構造の大きな転換点に直面している。これまでも都市の構造は、そのときどきの経済社会情勢に伴って変動してきた。

　戦後の高度経済成長期には、都市への大規模な人口流入によって、市街地は郊外へと外延化した。とくに、大都市の中心部は、地価の高騰のなかで、住宅市街地からより多くの収益を生み出すことが可能な業務市街地へと用途の転換が進み、バブル期には居住者が中心部にはほとんど居住しない空洞化現象が生じた。

　「右肩上がり」といわれた高い水準の経済成長が終焉を迎えるとともに、日本全体の少子化傾向が顕著になり、生産年齢人口が減少に転じた1990年代には、郊外の市街地化への傾向が急速に弱まり、利便性の高い大都市の中心部では居住機能の回復傾向が見られた。一方で、大規模小売店舗の郊外展開が進行し、都市中心部の商店街は衰退が顕著になり、空き店舗が見られるようになった。

　現在は、少子・高齢化と東京など大都市への人口流出が継続するなかで、地方の都市の人口減少が進み、都市中心部での空き家、空き店舗の増加による市街地の空洞化、公的施設の老朽化に伴う維持更新コストの増大、高齢化による医療福祉コストの増大、エネルギーや環境負荷の増大などの課題が生じており、持続可能な行政運営や経済活力を維持できるかどうかが懸念されている。

　民間の有識者で構成される日本創成会議は、2040年までに896自治体が消滅の危機に直面することになると指摘している。この報告の「消滅」という状況は、その人口が1万人以下にまで減少し、出産適齢期の女性が現在の数と比較して半分以下に減少する状況を示している。ただし、こうした予測も、現状の少子化・高齢化の傾向を前提にしており、将来における経済社会情勢の変化や都市構造の再編によって都市が消滅せずに成長できるかどうかについては結論を下していない。

　今後少なくとも半世紀は続くとされている人口減少、高齢化のもとで、こうした消滅する自治体のリスクを恐れるばかりではなく、十分な活力と快適な都市居住を約束する未来の都市構造のあり方について、明確なビジョンと対処策を打ち出していくことが求められている。そのための方策として、郊外に分散されてきた市街地を都市の中心部に集約するコンパクトシティが議論されている。コンパクトシティは90年代に持続可能な地域づくりの観点から議論されてきたが、近年

このコンセプトで期待されている視点は、そればかりではなく、都市の中の集積による生産性の向上や経済活力の増大、財政支出の抑制等の面から議論されていることに特徴がある。

従来の都市の郊外部への拡大の経緯は、日本固有の現象ではなく、大衆社会、大量生産、大量消費社会を経験した欧米の諸都市には共通して見られる現象であるが、日本の都市の場合、郊外部の土地利用規制が例えばイギリスやドイツに見られる規制ほどには厳格ではなく、戦後の急速な市街地の郊外化のスピードに追いつけず、都市内部での人口密度が相対的に薄く、郊外部に市街地が広がりすぎた構造になっていると指摘される。

こうした市街地を集約することは、人口や産業活動の集積を生み、生産性の改善や経済活動を活発にする効果が期待できる。また、市街地とともに分散していた学校や公民館等の公的な施設を、市街地の集約と併せて、市街地の中心部に統合・集約すること等により、維持更新等の費用を削減することによって、限られたコストのもとで最適な都市居住を可能にすることが期待される。

わが国政府も、経済財政諮問会議のもとに設けられた「選択する未来委員会」における2014年11月の最終報告のなかで、「地域の再生に向けて、行政サービス等を市街地中心部に多機能集約化することにより、生活の利便性を高めながら経済活動の活性化を図る『集約・活性化』に向けた取り組みが求められる」との提言をとりまとめている。また、政府のなかに「まち・ひと・しごと創生本部」が設けられ、コンパクトシティなど都市の持続的な発展に向けた施策も講じられようとしている。

ただし、その前提としては、コンパクトシティの形成がその都市の中の住民にとって本当に合理的な都市生活や居住をもたらすものかどうかの検証が必要であり、例えば都市の市街地を集約化することが本当に財政支出の抑制になるのか、経済の活性化につながるのか、環境負荷を抑制できるのかについての地理情報システム（GIS）を含めた経済的な観点からの分析を行い、こうした政策の有効性を明らかにすることで、何が都市を元気にし、日本経済を再生させるのかを明らかにする必要がある。筆者はすでに、比較的人口が集中した地域である DID (Densely Inhabited District：人口集中地区[1]) の中の人口集中の状況をもとにそれが都市財政に与える影響を分析し、その後、GISを用いて、都市の中心部からの距離の標準偏差である「標準距離」が財政支出に与える影響を分析している[2]。本書ではこうした研究をベースとして、さらに費目ごとの支出への影響や持続可能性や経済に与える影響を検証する。

2．次世代の都市居住のあり方を明らかにする意義

次に、今後の都市や居住のあり方を考えた場合、単に第1節に述べたコンパクトシティに沿って人口や市街地を集中させることだけが求められる都市の姿ではない。都市の中で次の世代の住民が社会経済活動を行う際に、高い効用や生産性を伴う空間をいかに確保していくかが求められているといえる。そのためには、現実の都市が経済活動を行ううえでの効率や教育、医療福祉、安全や防災性などの効用の観点からいかに高い性能を有しているかの指標を明らかにし、その性能を最大化する仕組みが求められている。

都市のこうした性能を測る手段として、不動産市場における取引価格が一つの指標となりうる。なぜなら、それがその場所に居住しようとする者の市場を通じての居住の効用に対する支払の意思表明であるからである。例えば防災性の高い不動産について、居住者がその効用が高いと判断すれば、より多くの資金を出して不動産を取得し、あるいは賃料を支払って居住しようとすることになる。これは、市場メカニズムを通じた「足による投票」というべきものであり、都市の住民が望むような性能を備えているかどうかを判断する客観的な指標となる。こうした観点から、これまで実証分析のメルクマールとして不動産価格を推計する仕組みとしてヘドニック法やリピートセールス法が提案され、実際に分析がすすめられてきた。欧米では、すでに多くの実売不動産の取引情報が蓄積され、その価格情報を指標化して公表されている事例も多く見られるところである。日本においてもこうした取り組みは行われてきたものの、実際に取引された不動産情報をもとに定点観測による分析は行われてこなかった。

また、その不動産の価値の評価も、どちらかといえば、不動産の区画形質や最寄駅からの位置など物理的な観点のものが多く、教育や環境など居住者の住みごこち、居住するうえでの社会生活の性能面からの評価が十分行われてこなかった。こうした評価も海外では、後述のように多くの先行研究が見られるところであり、日本でも本格的な検討が必要である。

こうしたことから、その本書では、取引価格をもとにした情報を用いたリピートセールス法による評価を行うとともに、都市居住の性能とその価値を反映していると考えられる不動産価格の分析を行う。

こうした不動産の価値を正しく評価するための分析を進めることは、不動産の価値が反映する都市居住の性能の状況を正しく評価することを可能にし、その性

能が居住者の効用を最大化するためにはどのような政策手法が最適であるかを分析することにも資するものと考えられる。

これまで筆者は、不動産の取引価格の情報をもとにリピートセールス法による推計を行うとともに、都市居住の性能の状況に関して、教育水準と不動産の価値との関係、省エネルギー・環境の施策とその効果に関する分析を行ってきた。本書の第Ⅱ部はその研究を拡充したものである[3]。

3．本書で明らかにすること

以上、今後の都市と居住における課題をまとめると図序-1のようになる。

本書では、市街地を中心部に集約するコンパクトシティの経済社会の効果やそのための効果的な施策、さらに集約された都市居住のあり方を検証するための資産価値の評価やその価値を高める要素の分析を行い、長期的な観点から政策提案を試みるものである。このため、2部に分け、第Ⅰ部ではコンパクトシティの役割と効果、第Ⅱ部では次世代の都市居住に向けた効用を高めるための資産評価のあり方と必要な政策の方向性について明らかにする（本書の概要については以下の記述および図序-2を参照）。

図序-1　コンパクトシティと都市居住のイメージ

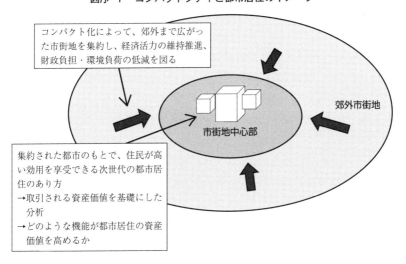

第Ⅰ部　コンパクトシティの役割と効果
第1章　コンパクトシティに向けた議論と経緯
　コンパクトシティの概念は1980年代から見られるが、その期待される役割は時代によって大きく変遷してきた。当初は、持続可能性の観点から環境負荷の低減に資する都市構造としての効果が期待されてきたが、近年では、地域経済の活性化や財政負担の低減の役割も期待されている。また、環境負荷の低減についても、単に市街地を集中させるだけでなく、公共交通の活用などとセットで議論されることが多い。本章ではコンパクトシティのこれまでの議論とこれまでの取り組みを踏まえ、コンパクトシティに求められる役割を提示する。

第2章　コンパクトシティの概念と指標
　コンパクトシティの形成の効果を議論する際に、どのような状況を指してコンパクトというのか、それをどのように指標として把握するのかが問題となる。欧米においても、日本においても指標化が試みられているが、コンセンサスは得られているとはいえない。本章では、コンパクトシティの効果を検証する立場から、コンパクトシティの概念を整理し、その指標として「標準距離」という指標を提案する。

第3章　経済財政上の効果と課題
　都市の人口や諸機能を中心部に集中させるコンパクトシティは財政支出をどの程度抑制し、経済活性化に役立つか。この点を検証するため、全国の都市の財政支出等のデータを用い、人口規模やコンパクトシティの指標となる標準距離をもとに人口割合が1人当たりの財政支出額や所得水準に与える影響を推計する。

第4章　持続可能性確保と居住性能向上への効果と課題
　コンパクトシティは、本来環境負荷の抑制が議論の端緒となっているが、その効果とコストを総合的に論じた議論は内外ともに乏しい。コンパクトシティの推進によってどの程度環境負荷の低減に役立つか、あるいは行政サービスや居住性能を反映する地価水準への影響を実証分析により明らかにする。

第5章　コンパクトシティ形成を実現する政策と評価
　コンパクトシティを実現する方策としては、郊外部の開発の規制方策から市街地中心部への移転の誘導方策、公共交通の充実、公共インフラのストックマネジメントなどさまざまな方策が考えられ、現実にも多くの取り組みが行われている。こうした施策のメリットやコストを論じ、優先順位を明らかにした政策のあり方を明らかにする。

第6章　都市のストックマネジメントとコンパクトシティの形成

図序-2　本書の構成

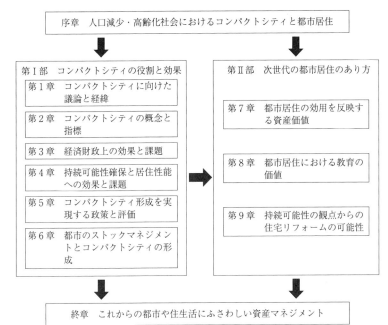

コンパクトシティの形成の際には、これまでに積みあがってきた公共施設の集約や更新など都市の公共ストック管理を適切に行っていくことが必要であり、そうしたストックマネジメントの取り組みと意義を明らかにする。

第Ⅱ部　次世代の都市居住のあり方
第7章　都市居住の効用を反映する資産評価
　市街地を集約化してコンパクトシティが形成される過程で、現実に居住し、活動する住民にとって低いコストで最適なサービスが提供される都市と居住が求められる。そうした都市居住の水準を反映する資産評価のあり方を明らかにし、どのような立地や環境が資産価値に影響を及ぼすかを明らかにする。
第8章　都市居住における教育の価値
　資産価値に影響する都市居住の内容にはこれまでの都市構造や地域環境ばかりでなく、教育や治安、健康福祉など住民にとっての居住性能も求められつつある。第8章では、その一例として居住者の子弟の教育水準が資産価値に与える影響を分析する。
第9章　持続可能性の観点からの住宅リフォームの可能性

都市居住のうえでの温室効果ガスの抑制など持続可能性の確保はコンパクトシティでも一定の効果が確保しうるが、ストック時代にふさわしい住戸のリフォームによっても大きな効果が期待しうる。第9章では、居住者の行動を分析し、いかなる場合に居住者が持続可能な住宅リフォームを行うかどうかの条件を分析する。

終章　これからの都市や住生活にふさわしい資産マネジメント

これまでの分析をもとに都市の価値を高め、経済活性化や環境改善に資するコンパクトシティやその中の最適な都市居住を実現するために必要な政策推進の仕組み等、都市の資産マネジメントのあり方について、取り組み事例を検討しながら、明らかにする。

注
1　人口集中地区は、人口密度が4000人/km^{2}以上の基本単位区が互いに隣接して人口が5000人以上になる地区に設定。基本単位区は、学校区、町丁・字等、市区町村を細分した地域についての結果を利用できるようにするために、平成2（1990）年国勢調査の際に導入された地域単位。基本単位区の区画は、街区方式による住居表示を実施している地域では、原則として一つの街区としており、それ以外の地域では、街区方式の場合に準じ、道路、河川、鉄道、水路など地理的に明瞭で恒久的な施設等によっているとされている。
2　コンパクトシティに関する筆者の分析は、沓澤（2015）、沓澤（2016a）を参照。
3　都市居住の性能に関する筆者の分析は、沓澤（2009）、沓澤（2014）、沓澤（2016b）、沓澤（2016c）を参照。

第Ⅰ部
コンパクトシティの役割と効果

第1章
コンパクトシティに向けた議論と経緯

　コンパクトシティは新しい概念ではない。欧米では、従来から都市の外延が限りなく拡大し続けることには懸念が示され、多くの政策が講じられてきた。とくに1990年代に入り、サスティナブル・デベロップメント（Sustainable Development；持続可能性のある開発）の考え方が広く論じられるなかで、コンパクトシティも都市政策の中で取り上げられてきたが、そこでは主として温室効果ガスの発生を抑制するなどの環境負荷の低減の観点から論じられてきた。
　近年になって、都市の人口規模だけではなく、都市の中の人口や市街地の集中がその都市の経済生産性向上や財政支出の抑制についての効果が議論されるようになりつつある。
　本章ではコンパクトシティをめぐる議論の経緯を整理し、その今日的な意義を問題提起する。

1. コンパクトシティの萌芽

　20世紀の都市の歴史は都市の外延を拡大してきた歴史といってよい。経済の拡大期における都市が郊外への拡大は、日本だけでなく、欧米でも見られた現象であり、アメリカのニューヨークでも、イギリスのロンドンにおいても、伝統的な行政区域を超えて市街地が外延に展開してきた歴史がある。そうした市街地の無秩序な展開をスプロール（Sprawl）と呼び、それを防止する方策として、1930年代からグリーンベルトによる規制が設けられている（図1-1）。

　グリーンベルトは、政府の都市計画の基本的方針を示すNPPF（National Planning Policy Framework）[1]のなかでその制度の意義を①大規模な市街地の無秩序なスプロールを防止すること、②隣接しあう都市が一つに混ざり合うことを防止すること、③周辺の田園地域のさらなる囲い込みを防止すること、④歴史的街並みの特徴を保全すること、⑤都市の再開発の促進を位置づけており、スプロールの抑制を主眼としている。この方針には、大都市の郊外に向けた無秩序な拡大を抑制し、都市の内部での都市の環境の改善と都市再開発による経済活性化を目指すという点でコンパクトシティが目指す方向性の萌芽が現れている。

　こうした方針に沿って、このグリーンベルト内では新規の建物の建設を含めた開発行為を厳しく抑制してきた。このグリーンベルトはロンドンだけでなくイギリス全土で約164万ヘクタールにもおよび、グリーンベルトの中の開発行為はほぼ抑制された（土地利用転換が行われるのは年間0.1％程度と報告されている）。しかし、この規制が経済成長期の市街地の拡大に対して有効な対策たりえたかといえば、以下のとおりさまざまな批判が出されている。

　第1には、高度経済成長期には、大都市近郊に大量に発生する住宅需要に対して適切に対処することができなかった。この結果として、大都市の中では住宅地の価格高騰を招くこととなった。ロンドンに関していえば、住宅価格指数は1970年から2014年まで年間10％以上のペースで上がり続けている。大都市の中で収容仕切れなかった住宅の需要はグリーンベルトの外の衛生都市の人口増につながることになる。Hall（1974）は、ロンドンの拡大はグリーンベルトを蛙飛び（leap-frogging）したため、ロンドンへの通勤者は中心部から50〜60kmの外側から通勤することもあることを指摘している。こうした状況はスプロールを抑制するどころか、スプロールに拍車をかけていることになる。

　第2のグリーベルトに対する批判としては、都市への機能集中が激化すること

図1-1　イングランドのグリーンベルト

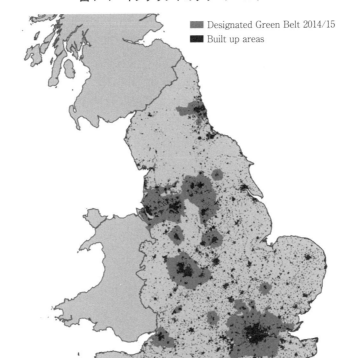

出典：Department for Communities and Local Government（2016）*Local Planning Authority Green Belt:England 2015/16*

であり、Elson（1986）は都市の集積の進行が都市の混雑（Town Cramming）を招き、住宅市街地の環境を損ない、交通渋滞などを招いたと批判している。まさにコンパクト化を目指したことが都市の外部不経済を招いたといえる。

第3の批判としては、この施策が地域の開発や経済発展の足かせになっているという批判であった。この点、人口増加や都市の成長を前提としている時期においては、コンパクトな都市づくりを進めることは、後に述べる経済発展に与える効果とは相反する側面もあったと考えられる。

以上のようなグリーベルトの施策は、都市環境を改善する観点から都市をコンパクト化する政策のさきがけになったと評価される。一方では、都市のコンパク

ト化を進めるうえでの課題がその時点から表面化していたともいえる。

　また、グリーンベルトの施策を評価する際には、その当時のロンドンなどの大都市圏が拡大を続けていた時期であることを念頭に置く必要がある。このほか、イギリスのグリーンベルトを議論する場合には、欧米と日本との開発規制のあり方の比較が欠かせない。グリーンベルト施策に限らず、イギリスにおいては、開発すべき地域とそうでない地域を峻別し、郊外部では厳格な開発規制を継続してきた。このことが、郊外部の規制が緩やかであった日本と比べ、密度の高い都市の形成を可能としている。これに関し、日本では、グリーンベルトに範をとった施策として首都圏近郊緑地保全法などの法律が制定されたが、対象地域がきわめて小さく、また開発に対する規制は届出と勧告にとどまり、実効的な効果をあげることができたとはいいがたい。しかし、グリーンベルトの施策は、1990年代に入り、ロンドン都市計画諮問委員会への報告などで、サステイナビリティ（Sustainability）の観点から再評価されることになる。

2. サステイナビリティの議論から始まったコンパクトシティ

　コンパクトシティについて環境負荷を抑制する観点から推進する議論は90年代に入ってサステイナビリティあるいはサステイナブル・デベロップメント（Sustainable Development）という概念から議論されている。サステイナブル・デベロップメントの概念は、1987年の国連世界環境・開発委員会（Bruntland Commission）の報告（Our Common Future）に端を発する。この報告のなかでは、環境破壊、貧困、急速な人口増加、軍拡競争、戦争などの危機に対処するため、平和、経済、社会、環境に関する目的を実現するための新たな制度、手法、戦略の開発——サイステイナブル・デベロップメントが提唱された。このサステイナブル・デベロップメントについては、将来の世代がそのニーズを満たすための能力を妨げることなく、現在の世代のニーズを満たすこととされている。とくに、経済発展のために環境が損なわれることなく、経済、社会、環境の目標がともに実現されることを目指している。したがって、単に環境を重視するという概念ではなく、より広範な意味を有した概念であり、一つには、環境に限らず、多くの課題を抱えている現代社会においてそれぞれの要請のバランスを図ること、もう一つには現在という特定の時点の満足を求めるばかりでなく、将来に至るまで、バランスのとれた発展が確保されることを目指すことに重点がある。このサステ

イナブル・デベロップメントの理念を実践するうえで、多くの用途、機能が存在する都市こそが、そうした多様な要請に応え、将来にわたってバランスを保持しうる場所であるとの観点から、サステイナブルシティの議論が1990年代から盛んになったのである。

　サステイナブルシティを実現するうえで、大きな手段の一つとして唱えられたのがコンパクトシティである。コンパクトシティは、コンパクトな都市構造（Compact Urban Form）を持ち、都市の中で既成市街地内の高密度な土地利用を促進することにより、環境負荷を縮減し、膨大な資源消費を抑制することから、サステイナブルシティに資するものとされている。とくに、都市がその規模や人口の面で拡大するにつれ、エネルギーの消費や廃棄物処理、大気汚染、地球温暖化の面で弊害が大きくなることは、1991年の EU 報告『都市環境白書』（*Green Paper on the Urban Environment: Environment and Quality of Life*）、96年の OECD 報告（*Our Cities, Our Future: Policies and Action Plans for Health and Sustainable Development*）のなかでも指摘されている。EU 報告のなかでは、都市計画のなかで用途の多様性の推進と都市の郊外化の抑制が提唱されている。とくに過去の厳密な用途規制（Zoning）は、土地利用の分断を招き、一方で、郊外部への連続した住宅地開発は移動交通の増加を促し、結果的にこれまで都市が直面してきた環境問題の原因の一つとなっていることを指摘したうえで、混合した土地利用の許容と高密度な開発に重点を置いた戦略は、人々の通勤を楽にして日常生活のサービス享受を容易にすると前向きの評価を下している。こうした評価を踏まえて、コンパクトシティを意識した政策は、90年代から欧米においても見出されるようになっている。

　イギリスにおいては、先にも述べた都市計画の政策方針である NPPF のなかで「都市計画制度は、サステイナブルな整備の実現に寄与するためのものであり、サステイナブルな開発は、経済的な役割、社会的な役割、環境的な役割の3つの方向性に対応するものである」と指摘している。そのうえで、「中心市街地の活力の確保」という項目では、中心市街地が地域コミュニティの核として、その有用性と活力を促進する施策を推進することや住宅地整備も中心市街地の活力を強化するうえで重要であることから適切な立地の住宅地整備を推進するとしている。また、「サステイナブルな交通の促進」の項目では、サステイナブルな整備という視点とともに、広範なサステイナビリティと健康確保の視点から、移動の負担の軽減に資する技術の効率的利用や住民への多様な移動の選択肢の確保、温室効果ガスの削減の促進などが掲げられている。地域の整備に当たっては、サステイ

図1-2 都市の密度とエネルギー消費量との関係

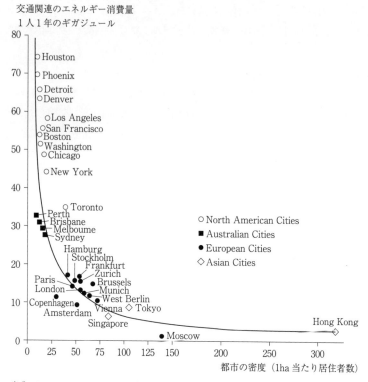

出典：Newman and Kenworthy（1989）*Cities and Automobile Dependence: An International Sourcebook*

ナブルな交通を確保する観点から、商品や原材料の効率的な供給を可能にする能力の確保、歩行や自転車利用の移動の優先、高性能の公共交通へのアクセスの確保、プラグイン電気自動車など低排気の自動車向けの基盤整備を備えた設計を行う。とくに、都市計画部局は、大規模な住宅地開発では、土地利用の混合利用や主要な学校、店舗等は歩いていける範囲内での配置を推進すること、また、住居系・非住居系の開発を問わず、開発地の近接性、土地の混合利用、公共交通機関利用の確保、高濃度排気ガスを出す自動車利用抑制等を行うべきことを方針として示している。

　コンパクトな都市構造を目指すこと自体については、批判的な意見が多い。まず、コンパクトな都市構造とサステイナブルシティとの関連性が本当に認められるかが問題となる。Newman and Kenworthy（1989）は、都市の密度とエネル

ギー消費量との関係には逆相関の関係が認められると分析している（図1-2）。一方で、この分析に関してはサンプルの多様性を踏まえた分析が必要であるとの指摘があり、またBreheny（1997）によれば、エネルギー消費量を減少させるということであれば都市の密度よりも燃料の値段のほうが本質的であると批判している。さらには、都市の密度そのものも必ずしも独立の変数ではない。例えば、都市の中で必要な交通の費用は移動の形態や燃料の消費ばかりではなく、都市の構造にも影響を与えることになるとの批判もされている。コンパクトシティに関しては、実効性の点からも批判がされている。例えばDowns（1992）は、28%の都市内移動距離の減少は、924%の都市内の住居地域の密度の上昇が必要になると指摘している。また、コンパクトシティを実現するためにさらなる既成市街地の低未利用地（brownfield）の開発が必要になり、そのためのコストの増大や環境負荷が拡大することをBreheny（1992）は指摘する。

　こうした都市の密度を高めてしまうコンパクトシティ化を都市の住民が受け入れてくれるかどうかも問題となる。イギリスでも都市計画を所管する環境省が実施した調査によれば、居住に関する満足度と都市の密度とは逆相関の関係にあるという。

　このように、サステイナビリティの観点からコンパクトシティを目指すことは、その有効性に一定の評価はあるものの、単純に都市の密度を上げることについて十分なコンセンサスが得られている状況ではない。

3．財政の持続可能性確保、都市の経済活性化

　1990年代のサステイナビリティからのコンパクトシティの推進は、前節にもあるとおり、多くの批判があり、額面どおり都市のサイズを限定するというより、サステイナビリティの観点からの公共交通の充実や地域の省エネルギーの施策、都市の既成市街地の再開発を推進することが重視されていた。

　2000年代に入るとコンパクトシティ、あるいは都市の密度が、地方都市の財政持続可能性と経済活性化の観点から議論が活発化しつつある。

　その背景として、日本に限らず高度経済成長を経た欧米の諸都市の都市構造の変化がある。どの都市でも最初に地方からの人口流入等から人口が集中していった（Urbanization）。次に、都心が業務・商業用途に転換し、都市の住民が地価や家賃の負担増や都心の混雑による環境悪化を避けて、郊外に居住地を求め、拡

大していく（Suburbanization）。この結果、都市の中心部が空洞化し、郊外の住宅市街地に人口が集中する現象が一時生じた。その後、国際化や金融業務サービス、本社機能の重要性の増大から再び都市の中心部への居住の重要性が認識され、都市の中心部への人口の再流入と既成市街地の再開発の進行が大都市を中心に見られた（Reurbanization）。こうした市街地中心部に新たに居住するのは主として金融業務サービスに従事する富裕層が中心であり、市街地の高級化（Gentrification）とも呼ばれている。

こうした都市のダイナミズムのなかで、都市の中心部への集中傾向こそが、都市の経済の活性化や財政支出の健全化につながるとの考え方が2000年代に入って現れ、いくつかの実証研究も行われている。

経済活性化の議論のなかでは、都市の中心部だけでなく、中心部の人口密度の確保と郊外部への拡散の抑制が、郊外部の農業の活性化に役立つとの議論もある。後でも触れるアメリカのポートランド市においては、都市の成長管理政策で有名である。

4．日本の都市における都市構造の変化と議論

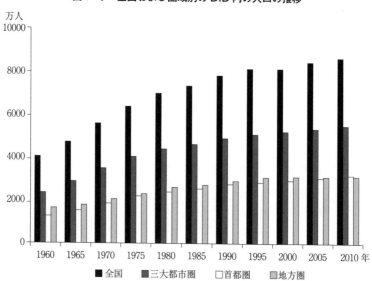

図1-3　全国および圏域別のDID内の人口の推移

資料：総務省「国勢調査」より作成

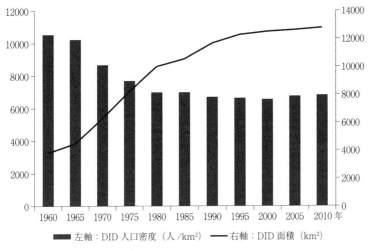

図1-4 全国のDID面積およびDID内の人口密度の推移

資料:総務省「国勢調査」より作成

　日本の都市に関しても、欧米の都市と同様、高度経済成長期に急速に都市への人口の集中とその帰結として郊外への拡大が進行し、スプロールが進行してきた経緯がある。この傾向は、図1-3に示すとおり、国勢調査において設定されたDID（人口集中地区）[1]の人口の増大と面積の拡大により認識できる。この傾向は、この時期の都市人口の増加や大都市圏への人口流入と同時に進行しており、こうした現象によってより拍車がかけられてきた。一方で、拡大した都市の中では、事務所等の業務機能を中心に居住人口の減少、空洞化が進行していくこととなった。

　高度経済成長期以降も、DID内の人口増は続き、DIDの面積の拡大は続いているがその上昇の幅は縮小しつつある。DID内の人口密度は1960年の10000人／km^2を越える水準から減少し、現在6500人／km^2前後を推移している（図1-4）。この背景としては、少子高齢化の進行の中で日本全体の人口は増加から減少に転じているものの、なおもDID内には人口流入が続いていること、ただし人口の郊外への拡散はなおも続き、DID内の人口密度は伸びていないことを示している。こうした状況は、日本の都市は、現状においても、市街地が郊外に拡大した状況のままであり、一方では、そのなかでの人口密度が高度経済成長期に比べれば低い水準にとどまっていることを示している。

　DID内への人口集積の状況を地域別に比較すると図1-5～1-8のとおりと

20　第Ⅰ部　コンパクトシティの役割と効果

図1-5　首都圏のDID面積およびOID内の人口密度の推移

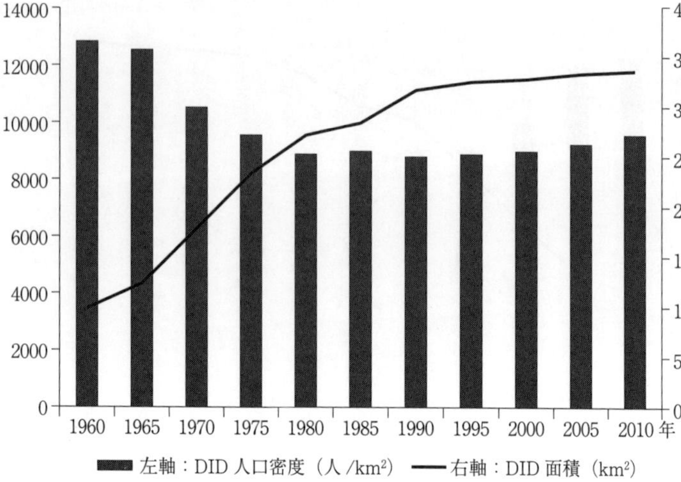

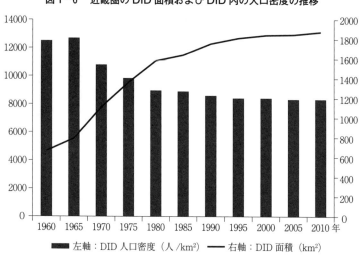

■ 左軸：DID人口密度（人/km²）　── 右軸：DID面積（km²）

資料：総務省「国勢調査」より作成

図1-6　近畿圏のDID面積およびDID内の人口密度の推移

■ 左軸：DID人口密度（人/km²）　── 右軸：DID面積（km²）

資料：総務省「国勢調査」より作成

なる。首都圏、近畿圏、中部圏のDID内の人口は低成長期にあってもその増加の幅は大きく、そのDIDの人口密度の水準も全国平均より大きい。これに対して、地方圏では、DIDの人口増の幅は小さく、人口密度の水準も大都市圏と比べて小さい。この背景としては、経済の低成長期にあっても、人口の流れは、地

図1－7　中部圏のDID面積およびDID内の人口密度の推移

資料：総務省「国勢調査」より作成

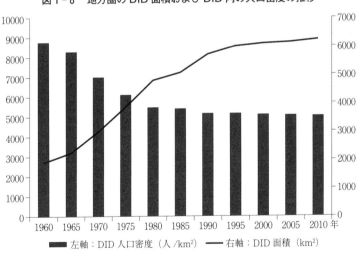

図1－8　地方圏のDID面積およびDID内の人口密度の推移

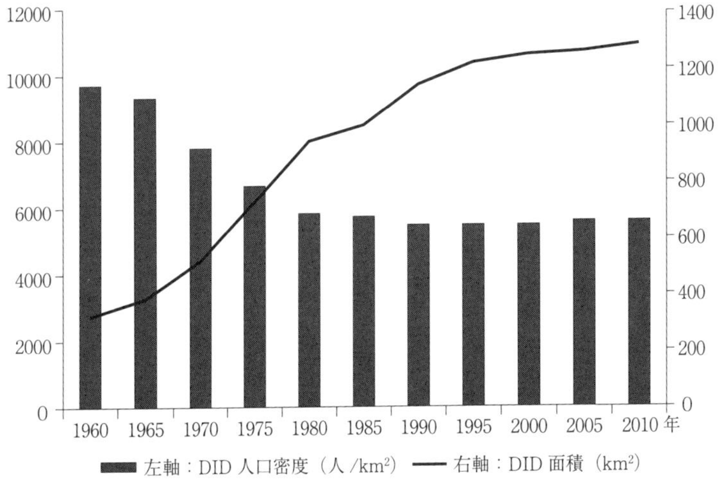

資料：総務省「国勢調査」より作成

方部から大都市圏への流出が続いており、人口が自然減に転じても、大都市圏のDIDでは人口がなおも堅調に伸び続けていることを示している（図1－9）。

都市の人口分布の状況とともに、都市全体の人口の動向が財政支出の観点からも、経済活力の維持の観点からも大きな課題を抱えていることが示されている。

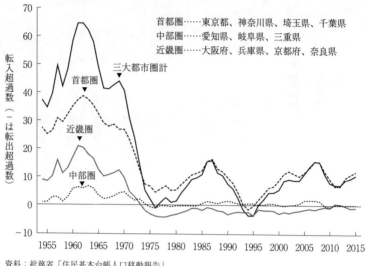

図1-9　3大都市圏の転入・転出超過数の推移（日本人移動者）（1954年〜2015年）

資料：総務省「住民基本台帳人口移動報告」

　民間の有識者で構成される日本創成会議によれば、急速な少子高齢化と地方の中小都市からの人口流出により、2040年までに896自治体が消滅可能性に直面することになると指摘している。この報告のなかで「消滅」という状況は、その人口が1万人以下にまで減少し、出産適齢期の女性が現在の数と比較して半分以下に減少する状況を示している（図1-10）。

　都市における人口減少の傾向は、大都市圏と地方圏双方で生じているが、その状況や背景は多少異なっている。大都市圏では地方圏よりも出生率が低いが、地方圏からの人口流入により、全体としての人口減少は、地方圏よりは小さい。反対に、地方圏においては、出生率は大都市圏よりも相対的に大きいが、人口流出により、将来の人口減少の割合は大都市圏よりも大きい（図1-11、図1-12）。

　地方圏から大都市圏への人口流出は、若年層に多く、この結果、地方圏の都市における高齢化に拍車をかけている。背景としては、進学や就職の機会に大都市圏に移動していることが推測される。また、その原因として、大都市圏には、若年者の就職口となる業務機能、本社機能が集中していることが指摘されている。

　結果的に、地方圏に多い小都市ほど人口減少は著しく、消滅の危機にさらされていることになる（図1-13）。

　そうした市町村では、少子化のために就労可能な人口は減少し、限られた就労人口のもとで生産活動を行うことにより税収は伸び悩むことになる。こうしたな

図1-10 消滅可能性があると指摘された地方自治体の数

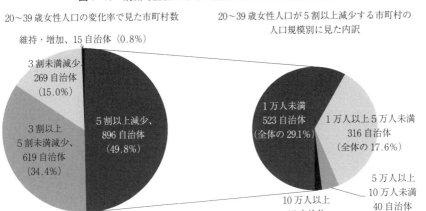

(備考)
1. 国立社会保障・人口問題研究所「日本の地域別将来人口推計(平成25年3月推計)」およびその関連データより作成
2. 人口移動が収束しないと仮定した場合の推計は、2010～2015年の人口の社会純増数(純移動率がプラスとなっている項の合計)と社会純減数(純移動率がマイナスとなっている項の合計)とがその後もほぼ同じ水準で推移するよう、年次別・性別・年齢階級別(85歳未満まで)の純移動率について、プラスの純移動率、マイナスの純移動率別に一定の調整率を作成し乗じて推計したもの
3. 数値は、12政令市は区を一つの自治体としてみており、福島県の自治体を含まない

出典:「選択する未来」委員会、増田委員提出資料

かで、高度経済成長期に大量に整備された公共施設の老朽化が進行し、その維持・更新に巨額な負担が強いられるものとなることが想定される。一方で、高齢化の進行は介護費用などの社会福祉関係の行政費用の増加を招くことになる。反対に一定の人口規模が確保された市町村は、1人当たりの行政コストを抑制する傾向が見られる。

以上、日本の中での都市構造と都市人口の状況は、とくに地方部を中心に経済が停滞し、財政負担の増大、財政支出増加に直面することが懸念される。

地方圏を中心とする人口減少は、生産年齢人口に直結する。地方ごとの経済規模を示す地域総生産という概念があるが、これも地域の人口(または地域の労働者数)、資本、技術の3要素から決定づけられると解されている。この点からいえば、生産年齢人口が減少する地方の経済の停滞は明らかである。

また財政支出の観点からは、住民数が少ない自治体は、住民数が多い自治体に比べ、イニシャルコストを要することから住民1人当たりの財政支出額が大きいが、住民数が増大するにつれて、その額は次第に小さくなる。さらに住民数が増

図1-11 都道府県別の合計特殊出生率

都道府県	合計特殊出生率
全国	1.42
北海道	1.27
青森県	1.42
岩手県	1.44
宮城県	1.30
秋田県	1.34
山形県	1.47
福島県	1.58
茨城県	1.43
栃木県	1.46
群馬県	1.44
埼玉県	1.31
千葉県	1.32
東京都	1.15
神奈川県	1.31
新潟県	1.43
富山県	1.45
石川県	1.45
福井県	1.55
山梨県	1.43
長野県	1.54
岐阜県	1.42
静岡県	1.50
愛知県	1.46
三重県	1.45
滋賀県	1.53
京都府	1.24
大阪府	1.31
兵庫県	1.41
奈良県	1.27
和歌山県	1.55
鳥取県	1.60
島根県	1.66
岡山県	1.49
広島県	1.55
山口県	1.54
徳島県	1.46
香川県	1.57
愛媛県	1.50
高知県	1.45
福岡県	1.46
佐賀県	1.63
長崎県	1.66
熊本県	1.64
大分県	1.57
宮崎県	1.69
鹿児島県	1.62
沖縄県	1.86

資料：厚生労働省「平成26年人口動態統計月報年報」

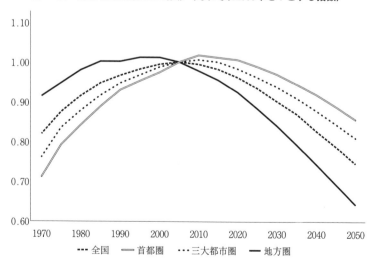

図1-12 将来の圏域別人口の推移（それぞれ2005年を1とする指数）

資料：国土審議会長期展望委員会「中間とりまとめ資料」から作成

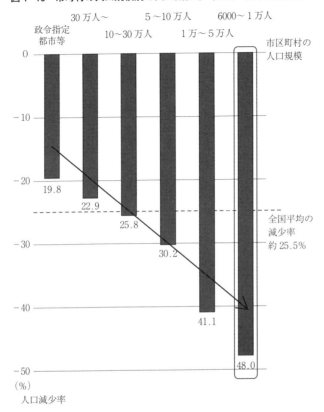

図1-13 市町村の人口規模別の人口減少率（2005〜50年の変化率）

資料：国土審議会長期展望委員会「中間とりまとめ資料」

大すると、今度は人口集積による外部不経済が増大し、そのための支出は増大する。こうした地方自治体の歳出に関して、実際の支出状況を分析したものが図1-14である。この図では、住民1人当たりの財政支出額を縦軸に、住民の数を横軸にとり、実際の自治体の財政支出を示した場合には、下に向かって凸の軌跡を描くことが示されている。こうした地方自治体の歳出の要因に関しては、多くの実証研究においても同様の結論が示されており、1人当たりの財出額がもっとも低くなる地方自治体の人口数、すなわち凸型の軌跡の底となるポイントは、人口10万〜30万のレベルであることが示されている。このことは、人口10万以下の小規模の都市は、それ以上の規模を有する都市に比べて1人当たりの歳出額が大きく効率性が低くなることを意味し、地方自治体の歳出構造を改善するためには、合併等により人口規模を大きくすることが必要との結論につながる。現実にそう

図1-14 人口、人口密度の1人当たり財政支出額に与える影響

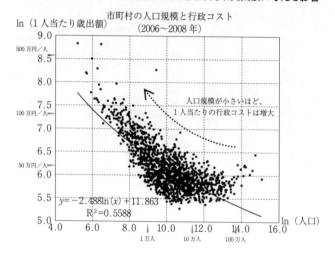

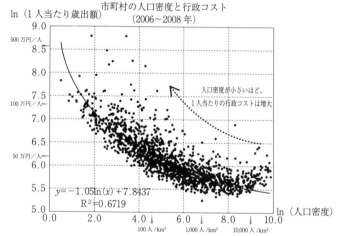

出典：国土審議会長期展望委員会「中間とりまとめ」資料

した政策提言を踏まえて、これまで多くの市町村合併が進められてきた。この結果、1985年4月に3253の市町村が、2005年4月に2395になり、2015年4月には1718の市町村になっている。

　こうした都市の合併下でも、将来においては少子高齢化と地方都市においては東京への人口流出により、人口減少が進行することが予測され、財政状況が悪化することが予測される。

　地方自治体の財政状況の悪化が懸念されるもう一つの要素は、市街地が郊外部

まで広がっているスプロールの状況である。こうした都市構造のもとでは、行政サービスを周辺部まで行き渡らせるために多額のコストをもたらす可能性が高い。例えば広範な地域に住宅市街地が分散した場合には、より多くの図書館、公民館、教育施設などの公共施設を整備して、維持管理を行わなければならず、コスト増大の要因となる。また、周辺に市街地が分散した場合、介護などの行政サービスを行うには、多くの移動コストを要することとなる。

こうした都市をめぐる課題を解決するための方策として、従来の周辺地域に分散した市街地を中心部に集約し、経済活力を強化するとともに、公民館、図書館等の公共施設の統合等によって行政コストの縮減を図るコンパクトシティ等の都市構造の再編を行うことが方策として提案されている。また、単独の地方自治体では必要な行政サービスを提供することが困難な場合には広域的な連携・協力により、施設の相互利用などによって行政コストを抑制する方策も考えられる。

こうした取り組みは都市の中心部での経済主体の活動の集中化と活性化を生み、都市の人口減少をカバーするほどの内発的な経済成長につながることが想定される。また、スプロールが進行した都市の市街地を集約化させることにより、地方自治体の行政コストを縮減させることが可能となる可能性が生ずる。先にも述べたように、都市構造がコンパクトなものとなれば、限られた市街地の範囲で行政サービスの実施や公共施設の維持更新を行うことが可能となり、歳出削減を行うことが可能となる。図1-14の下図が示すように、DID内の人口密度が高くなるにつれて、1人当たりの財政支出額が減少するとの分析が示されている。

経済財政諮問会議のもとに置かれた選択する未来委員会においても、2014年11月にとりまとめられた「最終報告」（表1-1）では、目指すべき都市構造として「市街地における一定の人口集積が必要であり、市街地を中心とした居住の集積（集住）」を進め、「都市機能を集約立地」させていく取り組みが求められるとしている。このために必要な取り組みとして、「場合によっては拡大した市街地を人口動態に応じて縮小し、まちなかの人口密度を少なくとも維持していく『集約型の都市構造』を作っていく」として、コンパクトシティの形成に向けた取り組みを推進する方向性を示している。

また、それより前に国土交通省内に設置された都市再構築戦略推進委員会の「中間とりまとめ」（表1-2）においても、現状では、人口減少・高齢化が、コミュニティの崩壊、行政サービスの低下、公的資産の維持管理への支障の懸念から市街地中心部への「集約・活性化」に向けた取り組みの必要性を強調している。

市街地中心部への人口や諸機能の集約や公民館、図書館、教育施設等の公共施

表1-1　選択する未来委員会「最終報告書」(2014年11月)〈抜粋〉

(1) まちづくりの目標
　今後の地方都市のまちづくりは、人口の減少と高齢者の増加を前提に、
　「居住者が健康・快適なライフスタイルを送ることができるまち」
　「人口や年齢構成の変化に対応した経済活動が営まれるまち」
　「財政面を含め持続可能な都市経営が可能なまち」
を基本的な目標としていく必要がある。
(2) 目指すべき都市構造
　市街地における一定の人口集積が必要であり、市街地を中心とした居住の集積(拡散型の居住から一定エリアへの集約型の居住への転換＝集住)を進め、これに必要な都市機能を集約立地させていく取り組みが求められる。この際には、場合によっては拡大した市街地を人口動態に応じて縮小し、まちなかの人口密度を少なくとも維持していく集約型の都市構造を作っていく必要がある。

表1-2　都市再構築戦略推進委員会「中間とりまとめ」(2013年8月)〈抜粋〉

　人口急減・超高齢化の進行によって、成長力の低下だけでなく、コミュニティの崩壊の恐れがあり、財政制約が厳しくなる中で、必要な行政サービスの提供や公的資産の維持管理・更新にも支障が生ずることが懸念される。地域の再生に向けて、行政サービス等を市街地中心部に多機能集約化することにより、生活の利便性を高めながら経済活動の活性化を図る「集約・活性化」に向けた取り組みが求められる。
　「集約・活性化」の選択肢としては、一つの都市の中で、公共交通の活用と市街地の集約・集積を図るコンパクトシティの取り組み、複数の都市の連携協約、さらには都市相互を交通ネットワークで接続し、広域的な機能分担・連携等を行う方策などが考えられる。農山漁村部も近隣の都市との連携や公的な施設の集約が必要である。

設の統合等は、公共施設のストックの総量を抑制し、維持・更新等に要する費用を縮減することが考えられる。また、市街地全体がコンパクト化した場合には、環境負荷の低減や経済活動の活性化に資することも期待される。

　こうしたコンパクトシティ形成に向けた取り組みがどの程度、地方自治体の歳出額、経済活動、環境負荷の低減に寄与し、効果的であるかについての実証的分析はこれまで十分なされているとはいえなかった。こうした影響・効果を検証するためには、まず人口や市街地の集中状況、言い換えればどのような状況になればコンパクトシティが形成されているといえるか、明確なメルクマールが必要である。

　そこで次章以降、海外で作られているメルクマール(指標)も参考としつつ、わが国での問題意識にも適合するコンパクトシティの概念の整理と具体的な指標の検討を行う。

注

1　NPPF（National Planning Policy Framework）は、2012年にイギリス政府が発表した都市計画の基本政策や方針を示すもの。従来、PPS（Planning Policy Statements）とPPG（Planning Policy Guidance Notes）があったが、それらと統合再編したものである。

第 2 章
コンパクトシティの概念と指標

　コンパクトシティにどのような役割が果たせるのかを議論する前提として、どのような都市がコンパクトシティといえるのかが問題となる。都市の規模や集中度が多様であるなかで一律の基準を設けることは難しく、とくに市街地が外延化し、市街地とその外側の農村や森林との境界が必ずしも明確でない日本では難しい課題である。
　欧米ではすでに指標化が試みられており、本章でも、日本の都市の実情を踏まえた指標化を試みる。指標化が行われることで、コンパクト化が進んだ都市が経済財政、環境、福祉にどの程度影響を及ぼすのかが分析できる。

1. コンパクトシティの定義

　前章で取り上げたように、コンパクトシティについては、持続可能性の確保、経済成長、財政支出の抑制などの効果が期待されている。新しい形態の都市を目指すうえで、コンパクトシティとはそもそもどのような都市であり、どのような指標を満たせば、コンパクトシティといえるかについて明確に規定する必要がある。

　コンパクトシティという概念を最初に使ったのは、Dantzig and Saaty (1973) とされており、直径8440フィートで周囲をひな壇式に囲んだ円形都市を提案している。その後、表2-1に示すとおり、Thomas and Cousins (1996)、Churchman (1999)、Burton (2002)、Neuman (2005) 等がコンパクトシティの概念を提示している。

　コンパクトシティについて、EU (1991) は *Green Paper* のなかで、コンパクトシティの要素として市街地の郊外化の抑制、都市計画の用途の多様性の許容を掲げている。

　Ewing and Hamidi (2014) は *Measuring Sprawl and Its Impact* のなかでアメリカのコンパクトシティを計測する基準として、以下の要素を掲げ、それを踏まえた指標化を行っている。
・市街地中心部の高い人口密度（Development Density）
・市街地における多様な用途の許容（Land Use Mix）
・市街地の活動の集中（Activity Centering）
・市街地の中の近接性（Street Acessibility）

　OECD (2012a) は、コンパクトシティに関する各国の大都市圏における現状と政策の比較検証を行うため、以下をコンパクトシティの要素として掲げている。
・高密度で近接した開発形態
　－市街地は高度利用されている
　－都市集積は連続または隣接している
　－都市的土地利用と農村的土地利用の境界が明確
　－公共空間が確保されている
・公共交通機関でつながった市街地
　－市街地が効果的に利用されている
　－公共交通機関によって市街地での移動が容易

表2-1 コンパクトシティの定義についてのコメント

著者	定義についてのコメント
Dantzig and Saaty（1973）	直径8840フィートで囲んだ円形都市。高層高密度の集落、混合的土地利用、社会的公正、日常生活の自給自足
Thomas and Cousins（1996）	規模のコンパクト性、全住民に対する徒歩・自転車・公共交通機関による移動の容易さ等
Churchman（1999）	住宅の密度と集中の強化、混合土地利用、指定区域外の開発制限を組み合わせることにより、市街地の高度利用を図ること
Burton（2002）	コンパクトシティを高密度、混合利用、高度利用化に整理
Neuman（2005）	コンパクトシティの特徴として以下の特徴を列挙。①高い住宅密度と雇用密度、②土地利用の混合、③細粒化した土地利用（多様な用途が近接し、土地区画が小さい）、④社会的・経済的相互作用の強さ、⑤隣接した開発、⑥範囲の境界を明確に区切って封じ込められた都市開発、⑦とくに下水道と給水管をはじめとする都市基盤、⑧複合的な交通手段、⑨移動容易性の高さ、⑩歩道や自動車道を含む道路の接続性の高さ、⑪不浸透性の地表面の割合の高さ、⑫空地率の低さ、⑬一元的管理または緊密に調整した管理による土地開発計画、⑭都市施設・基盤の資金を十分賄える政府の財政能力

・地域サービスや職場までの移動の容易さ
　－混合土地利用
　－ほとんどの住民は徒歩または公共交通機関を使って地域サービスを利用できる

　いずれの分析にも共通して見られる特徴は、市街地の高密度の集中、土地利用の混合と公共交通機関の利用であり、これにより都市内での移動を容易にしようとする意図が読み取れる。このことを踏まえ、本書のなかでは、コンパクトシティとは、「都市の中心部に人口や市街地を高密度にするとともに、土地利用の混合利用や公共交通を活用し、都市内の移動を容易にすることにより、経済の活性化、財政負担の抑制、持続可能な地域形成の実現などを目指すものである」とする。

2．既往の指標の設定例と課題

　「1．コンパクトシティの定義」で述べたコンパクトシティの概念に沿って考察した場合に、どのような指標をもとに、それぞれの都市のコンパクトシティへの形成が見られるかを判定するかが次の課題となる。Ewing and Hamidi（2014）は、前述の要素にもとづいて、表2-2のとおり、指標の作成を行っている。
　これらの指数を組み合わせることで、アメリカの都市におけるコンパクトシテ

表2-2 Ewing and Hamidi (2014) による指標作成

市街地の人口密度
　①人口密度
　②1500人/平方マイル以下の郊外部の人口割合
　③12500人/平方マイル以上の中心・中部の人口割合
　④都市地域[1]での人口密度
　⑤雇用者数の密度

市街地における多様な用途の許容
　①人口・雇用者数の割合
　②職業の種別構成の割合
　③都市の施設の歩行距離[2]

市街地の活動集中
　①都市の中の小ブロック別人口密度の標準偏差[3]
　②都市の中の小ブロック別雇用者密度の標準偏差
　③中心・副次業務地[4]の人口が都市に占める割合
　④中心・副次業務地の雇用者人口が都市に占める割合

市街地の中の近接性
　①小面積の街区[5]の割合
　②街区面積の平均
　③交差点の密度
　④4カ所以上の交差点の割合

注1) 全米土地利用データベースにおいて「都市地域」と位置づけられた地域
　2) 小ブロックごとの距離をそれぞれの人口で加重平均して算出
　3) 小ブロックごとの人口密度を求め、すべてのブロックの平均からの偏差をもとに標準偏差を算出
　4) 都市の中の雇用人口の割合が75%を占める地域を中心業務地 (CBD) とし、雇用密度の回帰分析からとくに雇用人口が多いと特定した地域を副次業務地と位置づけた
　5) 小面積の街区は0.01平方マイル未満のものとしている

ィの状況を指標化している。これによると、アメリカのコンパクトシティ上位10位は表2-3のとおりで、第1位はニューヨークであり、それ以下の都市も大都市として知られている地域である。このことは、指標のなかに含まれている人口規模に関わる指数が含まれていることと無関係でない。例えば、人口密度や大都市圏人口のなかでの中心・副次業務地の人口割合などは、大都市に人口が集中するほどその指標に与える影響は大きくなる。また、指標のなかには、交差点の密度や4方向以上の交差点の数が含まれており、この点も分析対象が大都市である場合にはより高い数値になり、コンパクトであるとの評価が得られる可能性が高くなる。このことは、無自覚のうちに都市の規模と都市のコンパクト化との差異

表2-3 もっともコンパクトな都市のランキング(2010年)

	カウンティ	指標
1.	New York County(ニューヨーク州)	425.2
2.	Kings County(ニューヨーク州)	265.2
3.	San Francisco County(カリフォルニア州)	251.3
4.	Bronx County(ニューヨーク州)	224.0
5.	Philadelphia County(ペンシルバニア州)	207.2
6.	District of Columbia(コロンビア特別区)	206.4
7.	Queens County(ニューヨーク州)	204.2
8.	Baltimore city(メリーランド州)	190.9
9.	Norfolk city(ヴァーモント州)	179.6
10.	Hudson County(ニュージャージー州)	178.7

が区別できなくなるおそれを内包していることになる。こうした観点からは、人口とは独立した観点から、都市の中の市街地が集約しているかどうかを示す指標がコンパクトシティの形成のうえからは求められる。

また、OECD(2012a)は、表2-4のような18の指標を設けて、加盟各国の都市のコンパクト化に関する評価を行っている。この指標は、前半では、都市自体がコンパクトシティとしての要件を備えているかどうかを、前述の「高密度で近接した開発形態」、「公共交通機関でつながった市街地」、「地域のサービスや職場へのアクセシビリティ」との観点から指標化を試み、さらにコンパクトシティの政策の影響に関連する指標を掲げている。

表2-4の指標のうち、「高密度で近接した開発携帯」に関していえば、指標1.に掲げられた「人口増加と市街地の成長」や指標3.の「既成市街地の『改装』」は、人口と市街地の変化の方向を示すものであり、指標2.の「市街地人口密度」も市街地全般に関わる密度にすぎず、コンパクトシティの本質的な内容である都市中心部に人口がどの程度集中しているかの観点に沿った指標とはいえない。また、先のEwing and Hamidi(2014)の指標でも同様の問題が生じたように、単に都市の人口全体が大きいほど指標に適合する結果ともなってしまう。指標4.の「建物の高度利用」、指標5.の「住宅形態」は人口や市街地の集中の状況を知るうえで目的にある程度目的に沿っているが、前者は空室率を手法として使っており、集中の度合いを示すものではない。集合住宅の割合も、集合住宅の形態が多様であるなかで、集合住宅を一括して計測しており、十分な信頼性が得られない課題が残る。指標6.「トリップ距離」は近接性の概念に沿ったものであるが、コンパクトシティの趣旨からいえば、人口や市街地が集中しているからこそ、

表2-4 OECD (2012) がとりまとめた指標

分野		指標	説明
コンパクト性に関わる指標	高密度で近接した開発形態	1. 人口増加と市街地の成長	大都市圏内の人口と市街地の年間増加率
		2. 市街地人口密度	大都市圏内の市街地表面積に対する人口
		3. 既存市街地の「改装」	グリーンフィールドではなく既存市街地で行われる都市開発の割合
		4. 建物の高度利用	住宅およびオフィスの空室率
		5. 住宅形態	総住宅個数に占める集合住宅の割合
		6. トリップ距離	通勤/全トリップに関する平均トリップ距離
		7. 都市的土地被覆	大都市圏に占める市街地の割合
	公共交通機関でつながった市街地	8. 公共交通機関を利用したトリップ数	総トリップ数に占める公共交通機関を利用したトリップ数の割合(通勤/全トリップ)
		9. 公共交通機関への近接性	公共交通機関の駅から徒歩圏内(例：500m)の人口(および/または雇用)総人口に占める割合
	地域のサービスや職場へのアクセシビリティ	10. 職場と住宅の適合	近隣規模における職場と住宅のバランス
		11. 地域サービスと住宅の適合	近隣規模における地域サービスと住宅のバランス
		12. 地域サービスへの近接性	地域サービスから徒歩圏内(例：500m)の人口の割合
		13. 徒歩および自転車によるトリップ数	総トリップ数に占める徒歩および自転車によるトリップ数(通勤/全トリップ)の割合
コンパクトシティ政策の影響に関連する指標	環境	14. 公共空間と緑地	一般市民が利用できる緑地から徒歩圏内(例：500m)の人口の割合
		15. 交通のエネルギー利用	1人当たり交通エネルギー消費量
		16. 住宅のエネルギー利用	1人当たり住宅エネルギー使用量
	社会	17. アフォーダビリティ	総家計支出に占める住宅および交通に対する家計支出の割合
	経済	18. 公共サービス	都市インフラ(道路、給水施設など)の維持に対する1人当たり支出

出典：OECD (2012), *Compact City Policies: A Comparative Assessment*

通勤距離などが近接するのであり、指標7．の「大都市圏に占める市街地の割合」は「高密度」「近接性」いずれからも無縁である。

「公共交通機関でつながった市街地」は、公共交通の利用状況とその容易さに着目した指標はそれなりに合目的的である。ただし、公共交通機関の利便性と普及の度合いは、都市のコンパクト性にも影響されるものであり、公共交通機関の活用自体もその都市の政策、すなわち自動車交通を優先するか、公共交通機関を推進するかの政策変数としての要素もあり、政策手段を変数としている側面もあり、独立の指標として取り扱うことには限界がある。

「地域のサービスや職場へのアクセシビリティ」の指標も職場や地域サービス

と住宅とのバランスや近接性に求める提案された指標には一定の合理性がある。しかし、近隣規模をどのような規模で設定するかによって、それぞれの都市のコンパクトシティの評価が異なることになる。この OECD（2012a）の評価の対象となったメルボルン、バンクーバー、パリ、富山市、ポートランドでは、人口が数十万人から数百万人超までに及び、大きな規模の都市の場合に都市の中の小地域の住宅と業務のバランスを目指すことがコンパクトシティの本来の趣旨に照らしてどの程度の意味があるのかという疑義を生むことになる。また、この指標もまた都市中心部への人口や市街地が集中するほど、一般的には職場などの近接性は高くなる。

すでに示されている指標の課題をまとめれば、人口や市街地の集中を都市の中のどの地域の範囲で求めるかが大きな課題である。単なる人口密度や一定以上の人口密度の地域での人口密度では、集中の状況を正しく反映しているとはいえない。また職場などへのトリップ距離は、ある程度人口や市街地の集中状況を反映しているといえるが、そうであれば、より精密な人口や市街地の集中状況を指標としたほうが、指標としては適切である。

もう一つの課題は、手段と結果がしばしば混同される危険である。公共交通機関の活用は、コンパクトシティの内容の一部であるだけでなく、それを実現するためのとする手段としての性格も有しており、その旨を明記した指標化が必要である。

さらなる課題として、都市の中の用途混在の許容をどの程度コンパクトシティ本来の定義に沿った内容として受け止めるかが問題となる。もとより、職場や地域サービスへのアクセスが容易であり、短時間であることは、重要な要素であるが、そのためにきわめて細かい地区についてまで居住と職場、あるいは地域のサービスとの近接性を要求することは一面においてその場所での居住環境の悪化や過度な土地利用の制約が経済の活力を削ぐ恐れがある。

以上の課題を踏まえて、都市の人口や市街地の中心部への集中に関する分野に絞って、次節ではよりコンパクトシティの趣旨に即した指標化を試みるものとする。

3．コンパクトシティの指標化

前節でも述べたように、コンパクトシティの指標化はすでにいくつかの分野で

示されており、とくに①都市の市街地や人口の集中の状況、②公共交通とのつながり、③職場や地域サービスへのアクセスが示されている。以下、それぞれの分野について、コンパクトシティの指標化を試みる。

(1) 都市の中心部への市街地や人口の集中

　コンパクトシティを考察する場合、どの指標を用いるかはもっとも重視される要素であるが、さまざまな指標にもとづく分析がなされ、統一を欠いている。

　すでに前節でも触れたように、多くの指標の例としては、自治体全体の人口を単純に市域の面積で割ったものや自治体の中の都市的な利用地域（都市の中の森林地域や耕地地域を除いたもの）を切り出して、そのなかでの人口密度をもって都市の集中度として算出しているものが見られる。

　日本の分析例でも、市街化区域や市街化調整区域を含めた都市地域を対象にする事例や川崎（2009）等の分析では、国勢調査で用いられているDIDでの人口密度を分析の対象としている例もある。

　しかし、この分析では、都市の中で都市的な土地利用が行われている土地全体の人口密度がわかるだけで、そのなかの市街地の人口集中の状況はわからない。一般的な都市地域で見た場合、中心部は業務機能が集積し、その地域に近接する地域は住宅が密集する一方で、周辺部は農地と住宅が混合し、その住宅市街地の密度は相対的に低くなる。住宅が密集し、人口が集中した地域が中心部に集まるほどコンパクトシティと呼ぶにふさわしい人口の集中が認められることになるのであるが、業務機能や住宅が集中している地域は図2-1の富山県富山市の例で見ても、都市の面積全体の中のごく一部である。

　コンパクトシティの指標を作る際にはこうした市街地の中のより詳細な人口の集中構造をとらえる必要があり、単純な都市地域の人口密度ではこうした構造をとらえることはできない。

　またDIDの分析にしても、一定の人口密度が認められる地域のみの分析にとどまるものである。このため、例えばDIDの分析によった場合、大都市圏の中の都市ではその都市の地域のほぼ全域がDIDに含まれるのに対して、地方部の都市はDIDの地域はきわめて限定されるか、DIDが含まれない可能性がある。この場合、大都市圏の都市は広範な地域の人口密度と地方圏の都市の限定された地域の人口密度を比較することになり、都市構造の比較としては公平とはいえない。また大都市圏の都市の場合、DIDの広範な地域の人口密度がわかってもそのなかの人口集中の構造がわからない一方で、地方圏の都市はそのほとんどの地

図2-1　富山市の区域と人口集中地区

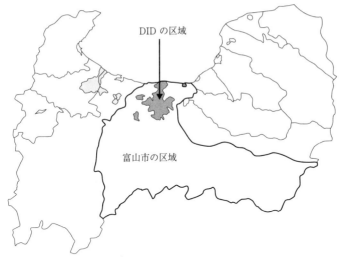

富山市の人口は 42 万 1953 人
DID の人口は 22 万 3250 人（全人口の 52.9%）
DID の面積は 55.56km^2（全面積の4.5%）

出典：総務省統計局「平成22年国勢調査人口集中地区境界図」

域が DID から外れているために、そうした地域の人口配置の動向がわからないことになる。

　こうした指標の限界は、現実の都市人口の集中状況に置きなおして図示するとわかりやすい。都市の構造は、図2-2の断面図の都市(a)（人口密度が灰色の分布の都市）のように、DID 内において人口が集中し、DID 外の郊外部の人口が少ない構造の都市もあれば、都市(b)（人口密度が点状の分布の都市）のように、郊外部までほぼ一様に人口が分散している構造の都市も想定できる。その場合に、都市の市街地の人口密度を指標とすれば、都市(a)と都市(b)の人口密度に相違はないことになるが、実態としては都市(a)のほうが都市の中心部に集中していることは明らかである。それでは、DID 内の人口や市街地の集中に着目すればよいかというと、それほど単純ではなく、図2-3の都市(a)（人口密度が灰色の分布の都市）のように DID の中の中心部に人口が集中した地区がある場合、その地区だけ人口密度が集中していることになる。一方で都市(b)（人口密度が点状の分布の都市）では DID の人口密度が一様であるとすれば、都市(a)、都市(b)ともに DID 地区の人口密度が変わらないとしても、都市(a)のほうが DID 内で中心部に人口が集中していることになる。

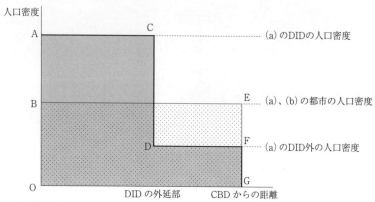

図2-2 都市の断面図（DIDに人口が集中したケース(a)と郊外部まで人口が一様に分布しているケース(b)）

(a)の都市は灰色の部分（AOGFDC）
(b)の都市は点状の部分（BOGE）

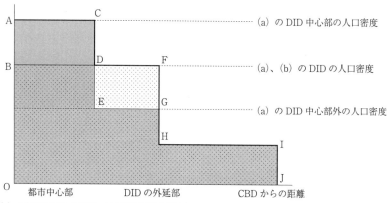

図2-3 都市の断面図（DID内部で人口が集中したケース(a)とDID内部で人口が一様に分布するケース(b)）

(a)の都市は灰色の部分（AOJIHGECの枠内）
(b)の都市は点状の部分（BOJIHFの枠内）

　このような問題点を解決するために、先のEwing and Hamidi（2014）は、先述のとおり、人口密度と都市活動の集中度の両面から指標を示しており、人口密度に関しては、都市全体の人口密度に加え、人口密度の低い地域（1マイル平方当たり1500人未満）の人口割合と人口密度が高い（1マイル平方当たり1万2500人超）地域の人口割合を指標の一部としている。

図2-4 都市の分散と集中の状況（黒い円が人口が集中している市街地）

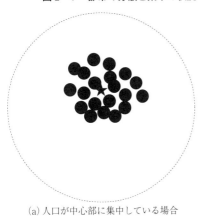
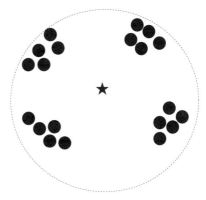

(a) 人口が中心部に集中している場合　　(b) 人口がいくつかのブロックに分かれている場合

注) 仮にブロックごとの人口密度の標準偏差、ローレンツ曲線による格差、ハーフィンダール指数の水準が変わらなくても、都市の中心部への集中度は大きく異なる。（黒い丸の領域は人口が集中する市街地のイメージ）

　集中度に関する指標の例では、都市内の人口配置の状況を町丁目等の小地域のデータをもとにそれぞれの地域の人口密度の格差を分析し、それを都市のコンパクト度として計測する研究も見られる。

　例えばNakamura and Tahira（2008）は、町丁目単位の人口密度をもとにローレンツ曲線を用いて、その集中度の程度が歳出に与える影響を分析している。川崎（2009）は、DID内の町丁目シェアの二乗値の和をハーフィンダール指数（HFI）として位置づけている。これらの取り組みは、それぞれの都市全体の人口分布の状況を包括的に把握しようとする点で優れた指標といえる。ただし、ローレンツ曲線を前提とした人口密度の格差、ハーフィンダール指数もそれぞれの小地域の配置位置に関わりなく、小地域の人口密度の偏りに関わる数値を示しており、その点でコンパクトシティが想定するような中心部への人口集中を当然の前提とはしていない。この結果、図2-4の(b)のような都市の中で人口が密集する市街地を示す黒丸が周辺部に集まり、したがって人口密度が高い複数の地区ブロックがいくつか分散して存在する都市でも計算上人口密度の格差、HFIや標準偏差は高いことになるが、そうした都市構造のもとで、図2-4(a)の都市に見られるようなコンパクトシティが形成されているとはいいがたい。

　こうした問題を解決するためには、都市の中心部から都市の中の各地域までの距離の標準偏差を算出することが考えられる。この点、Terzi and Kaya（2008）においても、人口密度と都市の中心部からの距離の標準偏差を算出し、それぞれ

図 2-5　標準距離算出のイメージ

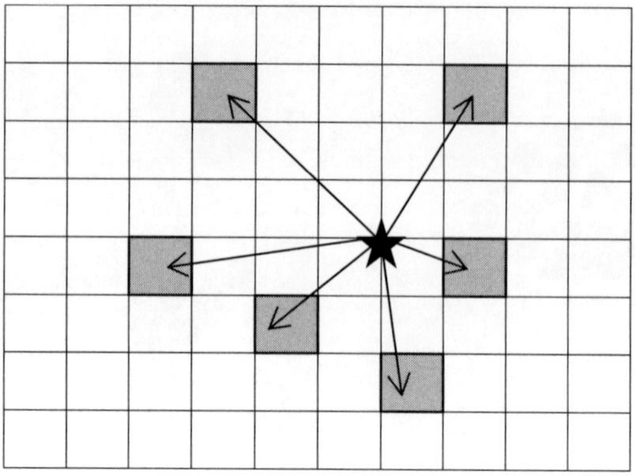

都市の中の人口の重心（図では★印）から人口の存するすべての地域メッシュ（黒い格子の枠内）までの距離について、地域メッシュの人口数の重み付けをしたうえで標準偏差を算出

の地域の偏差値が標準偏差に占める割合をもとにその地域がスプロールの状況にあるかどうかの評価を行っている。また、地方の公共サービスのコストに与える影響の分析ではないが、Rojas, Muniz and Pino（2013）は、チリの大都市圏のスプロールの状況を把握するため、都市の中心部からの標準偏差を算出している。

　これらの研究例も踏まえ、本章では、空間的な人口の分散状況を数値で表現する指標として、都市の中心部からそれぞれの小地域までの距離の標準偏差をその地域の人口で加重して算出する「標準距離」を指標として分析することとする。その計算の手順は以下のとおりである（図 2-5）。

　まず、都市の地域全体に縦軸に経線、横軸に緯線からなるメッシュを被せて作成したそれぞれの地域のメッシュ（以下「地域メッシュ」という）内の人口数を特定する。次に、それぞれの地域メッシュが存在する緯度経度の位置情報を人口数で加重平均することにより、都市の中の市街地の重心（地域メッシュの位置情報の加重平均）を特定する。さらに、その重心からのそれぞれの地域メッシュの距離のばらつきの状況を指標化するために、都市の中心点からそれぞれの地域メッシュの中心点までの地表面距離について人口数で加重した標準偏差を人口数の平方根で除した数値を(2-1)式を使って「標準距離」として算出する[1]。

$$SD = \sqrt{\frac{\sum_{i=1}^{n} h_i r_i^2}{\sum_{i=1}^{n} h_i}} \qquad (2\text{-}1)$$

図2-6 都市の断面図から見た標準距離の算出のイメージ

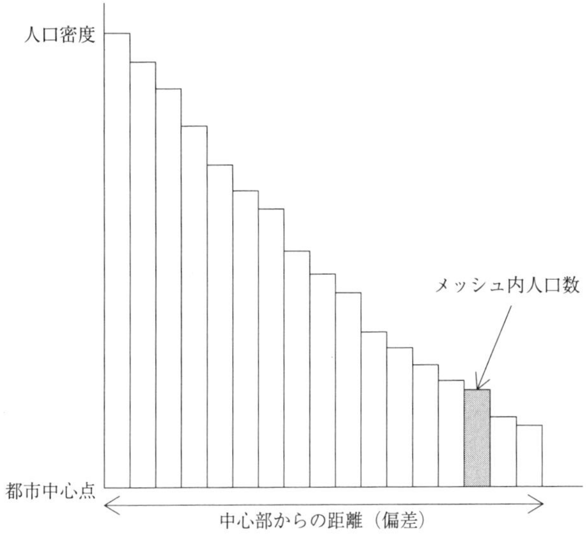

都市中心部からの距離（偏差）の2乗をメッシュ内の人口で加重平均して平方根を取ることで算出した標準偏差を指標とすることで、都市地域内の詳細なメッシュ単位での人口分布を反映した指標を算出することが可能となる

ここで、SD は標準距離、r_i は中心点からの地表面距離、$\overline{X}$、$\overline{Y}$ は都市の中心点の座標、h_i は地域メッシュ i における人口数である（図2-6）。

標準距離は、都市中心部からの距離について各地域メッシュ内の人口数で加重して算出した中心点からの距離の標準偏差であり、都市の中心点からの距離が標準正規分布に従うのであれば、中心点からの距離が標準距離の円の中に入る地域の人口数は、全体の約68%、標準距離の2倍の円の中に入る人口数は全体の約90%を占めることになる。換言すれば、この指標の数値が小さいほどそのなかの人口は集中していることになり、数値が大きい場合には分散の度合いが大きくなる。この手法は、市街地の密集状況を計測にも利用可能である。すなわち、人口数は通常住戸数と同値であり、上記の数式の人口数をこの世帯数の数値に置き換えれば、都市の住戸の分布状況を示す趣旨での標準距離を示すことが可能となる。これはすなわち市街地の集中状況を示すものとなる。

図2-7に富山県富山市を例にして標準距離と都市の区域の関係を示した。

この図では、同市に富山県縦横1kmの地域メッシュを被せた事例であり、中

図2-7 標準距離のイメージ（富山市の事例）

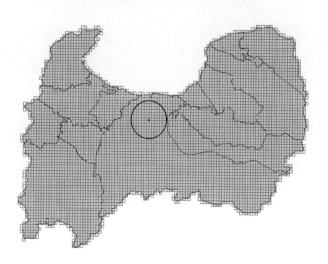

心点は、富山市の各メッシュの位置を人口数で加重平均して得られた。黒い円は、中心点を中心に標準距離（富山市では2010年段階で6.70km）を半径にして描かれた円であり、人口の分布が標準正規分布に従うならば、約7割の人口がこの円内に分布していることになる。

　この手法の優れている点は、都市の人口密度を測る方法に比べて、第一にはより詳細な人口や市街地の分布状況を示すことが可能となる。人口密度を測る手法では、どの範囲の地域の人口密度をもって人口が集中しているかという問題が付いてまわり、これまでの指標の例ではDIDや一定以上の人口密度の地域を区切ってその地域の割合を取るやり方などが用いられた。

　その場合、区切られた地域の単位は、図2-2・2-3と図2-6とを比較すればわかるように、メッシュデータより荒く、区切られた地域の中あるいは外の人口の分布状況が把握できないという欠点がある。川崎（2009）に見られるような町丁目別のデータにもとづいた分析も、場所によってはメッシュより大きな面積になることもあるうえにそれぞれの面積が不揃いで都市全体の人口分布を正しく反映するには難がある。この点、標準距離の場合、細かなメッシュで仕切られた都市内の全域にわたる人口の分布状況を詳細にかつ均質なデータで分析できる点で優れている。

　第二に優れている点としては、都市全体の人口規模や人口密度の影響を排除できる点である。こうした数値を基礎にコンパクトシティの判断を行うと人口規模

図2-8 人口規模と人口集中度との関係

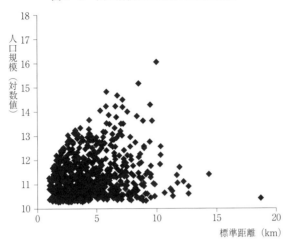

の大きな都市ほど、コンパクト化していることになり、指標として適さない。これが標準距離を採用した場合には、図2-8の散布図が示すように、人口規模と標準距離とはほぼ相互に影響を受けない関係となっている。

図2-8は、2010年の人口3万人以上のすべての地方自治体における標準距離と都市の人口の規模の散布図を示したものであるが、都市の人口規模が大きいからといって標準距離が小さいとは限らず、都市の規模と標準距離との関連性は低い。とくに人口規模の小さい都市の間では標準距離の格差は大きくなっている。

反対に、課題として議論すべき点もある。

第一に、特定の一カ所(多くの場合、都市の中心部になるが)に人口や諸機能が集中する都市の場合と複数の拠点に人口等が集中する場合とで取り扱いに差が出てしまうのではないかという点である。標準距離は、既述したようにメッシュデータで示された人口の重心からの距離をもとに算出した数値であり、一つの都市の中に複数の拠点に人口が集中している都市の場合、多少相互に近接している場合でも、都市の中心部のみ人口が集中する場合よりも標準距離が長くならざるを得ず、その分だけ指標上都市のコンパクト性が小さいことになる。

しかし、それぞれの都市には地形地物や合併等や新規の市街地開発の経緯もあり、複数の拠点が形成されざるを得ない場合がある。その場合、無理に一点に人口を集めることは移転のためのコストがかかりすぎ、かえって不合理な結果となる。また、都市の中で一点に集中しているよりも互いに近接した複数の拠点があり、相互の鉄道やバスなどの公共交通網の発達により、相互の拠点間の距離の実

図2-9 人口の重心から一定距離に1カ所の人口メッシュが存在するケースと重心から等距離に3カ所の人口メッシュが存在するケース

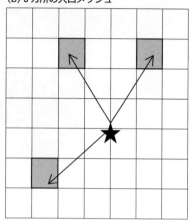

注）a)のメッシュのほうが色が濃いのは、b)のメッシュより人口が集中していることを示す

質的な距離を短縮させることは可能である。

したがって、都市のコンパクト化を考える際に標準距離のみで判断することには限界があり、本節第(2)項に述べる都市の中の公共交通の充実度も含めて考える必要がある。

もう一点、考慮すべきこととして、「標準距離」は距離の概念であり、一次元的な分散状況を示すことはできるが、二次元的な分散状況を示すことはできない。換言すれば、図2-9に示すとおり、①都市の人口の重心から一定の距離に人口が集中して存在しているメッシュ（以下「人口メッシュ」と呼ぶ）が一カ所存在しているケースと②人口の重心から別々の方角に複数の人口メッシュが存在している場合とでは、②のほうが、人口が分散していることになり、都市のコンパクト化に反することになるが、「標準距離」の算定上は差が生じない。こうした都市の重心からの全域にわたる分散状況を把握するためには「標準距離」の概念だけでは限界があり、それぞれの距離帯の中のメッシュ内の人口の偏在状況を併せて見る必要がある。この課題を解決するための手法として、各メッシュの人口の配置状況の偏在状況を示すハーフィンダール指標を算出して副次的に検証することが考えられる。

以上の利点と課題とを前提として、標準距離が与える経済財政上の影響や環境や居住水準への影響を次章以下で分析していくことになるが、その前提として、

図2-10 標準距離と財政支出額

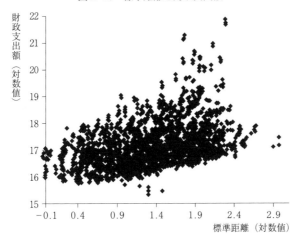

図2-11 標準距離と1人当たり課税対象所得

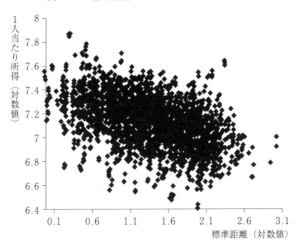

　この標準距離と関係する指標との関係を散布図で明らかにすることとする。

　図2-10～図2-14と表2-5では、標準距離とそれぞれの都市の財政支出額、1人当たりの所得額、温室効果ガス（CO_2）排出量、地価（住宅地）、行政サービス水準との数量的な関係や相関係数を示している。標準距離とこれらの指標とは下記の相関または逆相関が認められる。この関係が有意に認められれば、標準距離の短縮、すなわち都市のコンパクト化によって財政支出の抑制、都市の住民の所得の増加、温室効果ガス（CO_2）の抑制、地価上昇に現れる居住面での効用

図2-12 標準距離と1人当たり温室効果ガス排出量

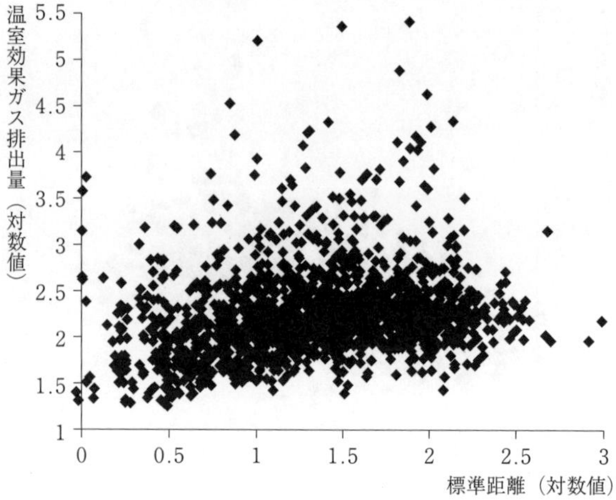

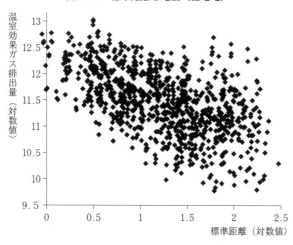

図2-13 標準距離と地価（住宅地）

の拡大、行政サービスの改善に寄与する可能性が大きくなる。そこで、次章以降では人口の集中状況を示す指標として標準距離を採用して、地方自治体の財政支出、経済状況への影響、持続可能性や行政サービスへの貢献を測定することとする。

(2) 公共交通とのつながり

コンパクトシティの議論のなかで「公共交通とのつながり」が指標の一つとし

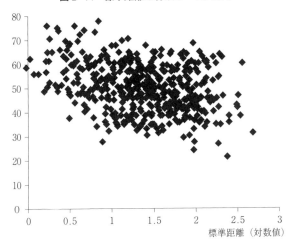

図2-14 標準距離と行政サービス水準

表2-5 標準距離と各種指標との相関係数

財政支出額	0.3878
1人当たり課税所得額	-0.4138
温室効果ガス（CO_2）排出量	0.1815
平均住宅地地価	-0.5039
行政サービス評価指標	-0.2915

て扱われるのは、人口や市街地が集中化した狭い都市の中で公共交通機関による移動の迅速さや容易性が確保されることが、エネルギー使用の合理化や持続可能性の確保、都市内部の経済活動の活性化につながり、コンパクトシティの効果をより発揮されるとの認識に立っているからである。

この点、既出のEwing and Hamidi（2014）は、交差点の都市の中での密度や4方向以上の交差点数を取り上げ、OECD（2012a）は、公共交通機関によるトリップ数や公共交通機関へのアクセスの容易さを指標として位置づけている。

前者に関しては、公共交通というよりは都市内の道路交通に関わる指標であり、大都市ほどこうした指標で高い数値を示す可能性が高いうえに、かえって道路交通への依存を招く懸念がある。

後者の指標に関しては、都市内の住民の移動の容易さや迅速さを示すものとして合理性があるが、一面で人口や市街地の集中化、すなわちコンパクトシティの形成が都市内の公共交通の充実を促している面もあり、公共交通の推進自体が政

策手段である面も否定できない。そうした限界はあるものの、都市内の移動の利便性、迅速性を示すものとして、この指標は一定の意義を有するととらえるべきである。

(3) 職場や地域サービスへのアクセシビリティ

コンパクトシティの形成を前提として、その都市内の職場やその他の行政サービスの近接性を「アクセシビリティ」の指標として採用することは、都市の中の住民の移動に要する時間によるコストを削減し、エネルギー消費や持続可能性の確保に貢献するという意味で、コンパクトシティの効果を発揮する意義を有している。とくに、高度経済成長期に産業化の進展のなかで、住宅以外の用途、例えば工場等が周辺への環境の悪影響を与えるとの懸念から、住宅用途とそれ以外の用途を区分することが推進されてきた。この結果、住宅から勤務先になる他の用途との移動距離が伸びてきた。都市が経済成長のもとで、スプロールによる無秩序な市街地の増大をもたらし、なおいっそうの移動距離の伸長を招き、市の領域すらも超えるようになった。一方で、例えば日本の都市の場合、住宅と工業等の用途が混在した地域が広範に存在し、都市環境の悪化を招いてきた経緯があり、現在でもその状況が解決しているとはいえない。

この点、Ewing and Hamidi（2014）による指標では、カウンティ全体の仕事と人口とのバランスを指標として採用している。一方で、OECD（2012a）は近隣地域内の人口と職場や地域サービスとのバランスや近接性を指標としている。

後者のほうがよりミクロレベルでの近接性を課題としているが、そのレベルが地域でのバランスをどの程度求めているのか、そのバランス自体がどの程度コンパクトシティが目指す住民の利便性につながるのか、都市がもたらす業務機能等の集積の経済を損なわないかの検証が不十分である。その点では、前者の指標に即して、都市全体の昼夜間人口比率を見て、他の都市に勤労者が流出していないか、あるいは他の都市から雇用者が流入していないかを昼夜間人口比率を見て検証することがコンパクトシティの趣旨からみてより合理的といえる。

以上の点を考慮すれば、日本の都市について、表2-6の事項についてコンパクトシティ形成の指標とすることが妥当である。上記のコンパクトシティの指標の状況は本書の巻末別表（179ページ）のとおりである。別表では、人口の集中度が高いと見られる指標である標準距離が短いものから順に並べている。

ただし、すでに述べたとおり、それぞれの都市の自然条件はもとより、市街地形成や合併等の経緯もあり、一時点の標準距離の大小がただちに都市のコンパク

表2-6 コンパクトシティの指標

指標	計測方法
①都市の人口の集中状況	標準距離(都市の中心点からそれぞれのメッシュの中心点までの距離について人口数で加重して算出した標準偏差を人口数の平方根で除した数値)
②都市の中の公共交通とのつながり	通勤、通学者に占める公共交通の利用割合(通勤、通学に占める鉄道、バス(乗合バスを含む)、自転車の延べ利用者数) 公共交通へのアクセス
③職場や行政サービスへのアクセシビリティ	都市の昼夜間人口比率

ト化の結果と即断することはできない。また、コンパクトシティの目指すところは、市街地が自治体の行政区域を超えて周辺の市町村にまで広がっている大都市圏と市街地の範囲の多くが行政区域内にとどまっている中小都市とでは大きく異なる。大都市圏の場合には、表2-6の指標①や③、すなわち標準距離と昼夜間比率をよく検討して、大都市圏全体での行政区域外からの雇用者の流入やそれに伴う通勤時間の拡大の抑制等を図っていくことが重要であろう。一方で、中小都市については、むしろ都市の中での居住者の身のまわりの利便性の確保、例えばいかに鉄道や公共交通の駅の近くに病院や公共施設を集中させるか等が重要な課題であり、その点からも指標の①や②、すなわち標準距離と公共交通の利用割合やアクセスなどが重視されることになろう。

次章以下では、本章で得られたコンパクトシティの主要な指標である標準距離を用いて経済財政上の効果、持続可能性への影響を分析するものとする。

注

1 標準距離の算出や次章以降の空間分析にはArcGIS、次章以降の回帰分析にはStataを用いている。

第 3 章
経済財政上の効果と課題

　コンパクトシティの経済財政上の効果については、海外ではいくつかの先行研究が見られる。

　日本においても、コンパクトシティに対する地方財政への効果や経済活性化の効果などに対する期待は、経済財政諮問会議の「選択する未来」委員会においても示されているところであるが、実際にコンパクトシティとすることにどの程度の効果があるのかについて実証的な分析は行われていない。

　本章では、日本の基礎自治体のパネルデータをもとにコンパクトシティの経済財政上の効果の分析を行う。

1. コンパクトシティが経済財政上の観点から期待される背景

　すでに述べてきたように、日本の都市では高度経済成長期以降、他の先進諸国と同様、郊外に無秩序な市街地が拡大していくスプロール現象が見られた。人口減少や高齢化が進行する現在、こうした都市では広範な市街地に行政サービスを提供していかなければならないうえに、その広範な地域に図書館、公民館、教育施設などの公共施設が分散し、多くの施設整備と維持管理に費用を要し、コスト増大の要因となっている。また、周辺に市街地が分散した場合、それぞれの地域に行政サービスを提供するための移動コストも必要となり、都市財政への悪影響が懸念されている。

　こうした課題に対応する方策として、従来のスプロール現象によって周辺地域に分散した市街地を中心部に集約するとともに、公民館、図書館等の公共施設を統合することによって行政サービスのコスト縮減等を図る「コンパクトシティ」の形成が提案されている。都市中心部への人口の集中は限られた地域で多くの住民に行政サービスを提供できるうえに、サービス提供に必要となる移動のコストを抑えられるので、サービス提供に必要なコストの縮減に資することが考えられる。

　また、コンパクトシティが形成されることは地域の経済にも好循環をもたらす可能性がある。とくに、高度経済成長期を終え、成熟型経済を迎えたわが国においては、大量生産、大量消費型産業よりは知識集積型産業の成長が見込まれ、都市の中のさまざまな経済主体が連携することにより、高い付加価値を生み出す都市型産業を構築し、地域経済を活性化させることが強く期待されている。その場合、都市の人口規模による「規模の経済」だけでなく、コンパクトシティの形成により、地域の経済主体が都市の中の移動や相互の連携が短時間で円滑に行われることによる「密度の経済」が地域経済の活性化に寄与することが考えられる。

　本章では、前章で検討したコンパクトシティ形成についての指標にもとづいて、人口集中が生じたときの財政支出や地域の経済活性化に与える影響について実証分析を行うこととする。

2．財政支出額に与える影響の分析と課題

⑴ 過去の実証研究

　コンパクトシティ形成による地方自治体の歳出に与える効果については、これまでも、内外でいくつかの実証研究が行われている。

　地方自治体の歳出の要因を分析した研究には、Case, Harvey and James（1993）、Bruckner（2003）や土居（2000）等、行政サービスに対する住民の需要の要因から構成されるモデルを用いた分析と、行政サービスの費用の構造から構成されるモデルを用いた分析がある。

　地方政府の歳出を費用構造の観点から分析した研究としては、地方行政サービスの費用関数を特定するにあたり、生産要素を投入して直接算出する段階と住民が消費する公共サービス段階の2段階の過程としてとらえた先行研究としてBradford, Malt and Oates（1963）、Duncomebe and Yinger（1993）等がある。ここでは、労働と資本を生産要素とし、地域環境要因の影響を考慮した地方歳出の費用関数を特定化するとともに、費用関数に影響を与える要素として公共サービスを享受する住民数が増加するにつれて公共サービスが部分的に競合性を有することに起因して公共サービスの消費量が減少する混雑関数の特定も行っている。

　日本においては、地方財政の急速な悪化に対応して、財政支出の要因を分析する研究が見られ、人口規模の増大に伴って、1人当たりの歳出規模がU字型の軌跡を描き、人口の増加により1人当たりの財政支出は、人口10万～30万までは一定の規模まで削減される「規模の経済」が生ずるという結論が中井（1988）、吉村（1999）などにより示されてきた。林（2002）は、こうした「規模の経済」についての実証分析は明示的な理論枠組みが欠如していることを指摘したうえで、わが国の地方財政の費用構造の特徴を明らかにするため、既往の費用関数の理論分析を踏まえた費用関数と混雑関数を特定化し、わが国の市データにもとづく実証分析を行い、人口の増大によって行政からの直接生産物（行政サービス）の算出に要する歳出が減少するという意味での「技術的な規模の経済」と混雑効果が存在することを実証している。

　こうした都市の「規模の経済」に加えて、コンパクトシティにおける都市の人口集中がもたらす影響である「密度の経済」についてまで踏み込んだ分析の事例も近年多く見られるところである。

　Carruthers and Ulfarson（2008）は、①市街地の環境（市街地の人口密度、市

街地の人口割合、資産価値)、②行政単位の構造、③成長と人口構造(人口の変化、1人当たり所得など)、④歳入源(1人当たり連邦政府の歳入、1人当たり州政府の歳入)、⑤カウンティの規模や位置づけ(カウンティの面積、雇用率、政府の平均賃金、大都市かどうかなど)を説明変数に位置づけ、スプロール現象によって1人当たりの地方政府の歳出額が増加することを示している。

Horitas-Rico and Solé-Ollé (2010) は、費用構造モデルと需要モデルに立ちつつ、人口当たりの都市地域の面積をいくつかの階層に区分して、それぞれの区分ごとの係数を算出することにより、地域の分散が大きくなるにつれて行政コストが増大することを示している。

Hortas-Rico (2014) は、スプロールが新しいインフラ需要により財政支出増をもたらすこと、ただし、そうした支出は自治体間の財政移転によりカバーされ、短期的には財政余剰を生むため、地方自治体にとってはスプロールを助長するモラルハザードが生じるメカニズムを指摘している。

Iida and Ono (2015) は、地方財政支出について公共サービスに対する需要とサービス供給のコストの関数を用いて分析を行い、人口当たりの都市地域の面積をもとにスプロールが歳出に与える影響を分析している。この分析では、人口当たりの都市地域の面積をスプロールととらえているが、ここでいう都市地域とは市街化区域、市街化調整区域を含むために範囲が広く、それを人口で割るとその広範な地域の中の市街地の集中状況を正しくとらえられない可能性がある。

これらの分析では、都市の人口の集中状況の指標を設けて分析しているが、それぞれの指標が都市地域全体の人口密度であったり、人口当たりの都市地域であったりとばらばらで、都市地域内部の人口の集中状況を反映した指標となっていないという問題がある。図2-1 (p.39) の富山市の事例でも明らかなように、人口が集中するDIDは都市地域全体よりもはるかに小さい。

都市の中の人口集中に関する指標を設定し、地方都市の歳出額への影響を分析した小松 (2006) は、DIDの面積が宅地に占める割合である「宅地集中度」や都市人口のDIDの人口に占める割合である「人口集中度」を指標として分析している。しかし、DIDは一定の人口密度を尺度にしているため、全地域がDID内に包摂される都市やDIDが存在しない都市の場合、DID内の人口の集中や分散状況を把握できないことになり、精密な分析には適していない。

Nakamura and Tahira (2008) は、都市の人口の集中の度合いが地方自治体の歳出の費用構造に与える影響を分析するために町丁目単位の人口密度をもとにローレンツ曲線を用いて、その集中度の程度が歳出に与える影響を分析している。

川崎（2009）は、林（2002）の費用関数を踏まえつつ、混雑関数についてDID地区の人口密度で推計するとともに、DIDの町丁目シェアの二乗値の和をHFIとして位置づけ歳出額の説明変数としている。

こうした分析は、コンパクトシティにおける都市の中の人口集中の状況の相違を分析しようとしている点では評価できるが、ローレンツ曲線による町丁目単位の人口密度の格差もHFIも人口の偏在の状況を示すことはできるが、人口が集中する地域がまとまって存在しているのか分散しているのかを示すことはできない。また、分析の単位を町丁目としているが、この単位では面積の相違は大きく、その集中度を精密に分析できるとはいいがたい。さらに、川崎（2009）はHFIの計算対象もDIDの人口シェアであり、混雑度の説明変数としてもDID内に限定した人口密度を使用しているが、日本の都市では、DID外にも人口の分布は見られ[1]、主として郊外部に分散して見られる住民の存在は、都市の中心部から距離的に離れているだけに財政歳出額に大きな影響を与えることが考えられ、これを捨象する議論は実態を反映しているとはいえない。川崎（2009）の分析では混雑関数の説明変数にDID内の人口密度を使っているため、DID内の集中度やDID外の人口の分布状況が把握できず、都市の集中状況を正確に把握するうえでは限界がある。

コンパクトシティ形成による人口集中の状況が都市財政に影響する要因としては、人口が都市の中心部にまとまって存在することにより、サービス提供の地点から近接した多くの住民に行政サービスの効果が及ぶことにより、相対的に低いコストで行政サービスを提供できることが考えられる。

この点を考察すれば、コンパクトシティにおける人口の集中度については、都市の中心部から人口が存在するそれぞれの地域に至る標準的な距離により判断することが妥当であり、これが短ければ、行政サービスの効果をより広範な層の住民に及ぼすことが可能となると考えられる。

前章では、コンパクトシティ形成を示す人口集中の指標として、都市の人口の重心（都市内のそれぞれのメッシュ内の座標を人口数で加重平均したもの）からの国勢調査のなかで示されているそれぞれのメッシュまでの地表面距離の標準偏差を「標準距離」として算出した。数値が小さいほど、都市の中心点からのそれぞれのメッシュのばらつきが小さくなり、都市の中の人口の集中度が高いことになる。これを踏まえ、本章では、都市のコンパクト化が地方自治体の財政支出に与える影響を分析するため、この標準距離を踏まえた都市の集中度や人口規模その他の都市の属性をもとにした地方財政の関数形を推計し、都市構造が都市の財

政支出に与える影響を分析するものとする。併せて、これまで十分行ってこなかった目的別(例えば公共事業、教育、社会福祉等)、分野別(建設事業費等)の分析を含めて行うこととする。

(2) 分析モデル

本章では、都市における人口の集中度が都市における財政支出額に与える影響を目的としており、そのためにまず、どのような要因で都市財政の財政支出額に影響を与えるかの費用関数を構築する必要がある。

林(2002)は、地方行政サービスの費用関数を特定するに当たり、公共サービスについて生産要素を投入して直接算出する段階と住民が消費する公共サービス段階との2段階の過程としてとらえ、前者は生産関数をもとに企業の理論と同様に費用最小化行動を前提とする。後者は、地方公共サービスの利用者の増加に伴って公共サービスの部分的競合性により混雑の効果が発生し公共サービスの利用者のサービス消費水準が低下することを示す混雑関数を前提とする。

ここで第1段階の生産関数は以下の(3-1)式で示される。

$$g = g(x, e) \tag{3-1}$$

ここで、gは行政サービスによる直接生産物、xは生産要素(労働と資本)、eは都市の人口構成や市街地の広がり等、行政サービスの直接生産物の生産効率に影響する地域環境要因である。

次に第2段階の混雑関数であるが、(3-2)式が示すとおり、都市内の住民の行政サービスの競合や行政サービスを受ける住民の集中度などによって、行政サービスの水準に影響を及ぼす効果を示している。

$$z = z(g, n, a) \tag{3-2}$$

ここで、nは公共サービスの利用者数、aは公共サービスの最終消費水準に影響を与える地域環境要因である。

さらに、(3-1)式の生産関数について、企業の行動と同様に費用最小化行動を取ることを前提に下記(3-3)式のように費用関数を定式化する。

$$c = c(g, w, e) \equiv \min\{w \cdot x \mid g(x, e) = g\} \tag{3-3}$$

(3-3)式は、直接生産物gおよび生産要素価格wを所与として総費用$w \cdot x$を最小にするように投入量xが決定される式である。

そして、(3-2)式の混雑関数を g に関して解くことにより、下記(3-4)式を得ることになる。

$$g = \gamma(z, n, a) \equiv z^{-1}(z, n, a) \tag{3-4}$$

これらの過程を前提に、(3-3)式に(3-4)式を代入し、(3-5)式の費用関数が示される。

$$c = c(\gamma(z, n, a), w, e) \tag{3-5}$$

林（2002）はこの費用関数を踏まえて(3-6)式の回帰式を示している。この式では、生産価格要素として労働と資本を仮定しているが、資本価格である利子には地域差はほとんどないことから回帰式では定数項 A_0 に入っている。また、地域環境要因には DID 人口比率、昼夜間人口比率、65歳以上人口比率、面積などが検証の対象となっており、コンパクトシティを念頭においた各都市の人口の集中度の観点も DID 人口比率にうかがわれるが、第２章でも述べたように精密な指標とはいいがたい。

$$\ln c_i = A_0 + \beta_w \ln w_i + \beta_g [\ln z_i + (\lambda_0 + \lambda_n \ln n_i + \Sigma_j \lambda_j a_{ji}) \ln n_i] + u_i \tag{3-6}$$

ただし、c_i は i 自治体の財政支出額、w_i は地方公務員１人当たり賃金、z_i は公共サービス水準、n_i は人口、A_0 は定数項、β_w、β_g、λ_0、λ_n、λ_j はそれぞれの変数のパラメータである。u_i は誤差項。

川崎（2009）は、林（2002）の費用関数、回帰式を踏まえつつ、コンパクトシティの観点から HFI を地域環境要因に組み込むとともに、混雑の程度は人口密度に依存するものとして(3-7)式のように回帰式を示している。

$$\ln \frac{c_i}{n_i} = \gamma_0 + \gamma_1 \ln w_i + (\gamma_2 + \gamma_3 \ln den_i + \Sigma_j \lambda_j a_{ji}) \ln den_i + \varepsilon_i \tag{3-7}$$

ここで、$\ln den$ は DID の人口密度の対数値を示す。また、a_{ji} が示す地域環境要因には人口、面積のほか、DID の町丁目単位での人口シェアの二乗値の和で計算される HFI を用いている。ε_i は誤差項。

ただし、こうした川崎（2009）の回帰式にはいくつかの問題がある。まず、川崎（2009）が示す回帰式のうち、都市のコンパクト性を測る HFI の指標は、前章で述べたように町丁目単位の人口の偏在状況を示す指標としては適切であるが、本来コンパクトシティが想定する都市中心部に集中している場合（図２-４a、p.

41)と人口が集中する地域が偏在する場合（図2-4b、p.41）もともに含まれてしまう問題点などを有することから、これに代わるものとして、地域メッシュの人口データを用いて、都市の区域の人口の重心からそれぞれの地域までの距離の標準偏差を計測した標準距離を都市の人口集中度を測る指標とすべきである。

　また、混雑状況に影響する変数について、林（2002）が技術的な規模の経済の観点から人口を変数としているのに対し、川崎（2009）はDIDの人口密度を変数としている。この点については、もともと都市において提供される公共サービスは、その都市の住民、すなわち人口全体に向けられたものであり、一定以上に人口が増加した場合には、1人当たりの行政サービスの低下、あるいは行政サービス費用の逓増という混雑現象が生ずるものであり、本分析では林（2002）の分析と同様に人口を変数とする。仮に人口密度が低いままでも、宅地の拡大により人口全体が増加すれば、従来以上の規模の公共施設の整備の増加という形で公共サービスの提供に要する費用が逓増する可能性が十分あるが、川崎（2009）の分析ではこうした状況を説明することはできないと考える。

　以上の点を前提として、本研究は、林（2002）のモデルをもとに、都市の人口集中度について標準距離（SD）を混雑関数のなかの地域環境要因に位置づけ、都市のコンパクト化・スプロール化が財政支出額に与える影響の推計を行う。その際には、それぞれの都市の自治体固有の要因が標準距離や歳出額に与える影響も考慮し、パネルデータを用いた固定効果分析を行うとともに、時系列データに自己相関が生じているのではないかとの仮説のもとにBreusch-Godfrey検定を行い、自己相関がないとの帰無仮説が棄却された場合にはPrais-Winsten回帰を行う。また2000年、2005年、2010年のそれぞれの時点を基準に過去5年間に市町村合併を行った自治体は、複数の自治体の事務の重複を排し、事務効率化の契機になる一方で合併に伴う行政事務の増加を伴う可能性もあることからダミー変数とした（(3-8)式）。また、行政サービス水準の変数に関して、林（2002）が行った推計では行政サービス水準の変数として日本経済新聞社産業地域研究所（2008）による「行政サービス度」の指標を用いているが、この調査は2008年を最後に行われず、調査・算定方法もそのときどきで異なることからパネルデータを使った分析にはなじまない。そこで、2000年のデータのみを用いて、(3-9)式のとおり公共サービス水準の代理変数を混雑関数の説明変数に位置づけたクロスセクションによる分析を行った。

$$\ln\frac{c_{it}}{n_{it}} = \gamma_0 + \gamma_W \ln w_{it} + \left(\gamma_{n0} + \gamma_{n1} \ln n_{it} + \gamma_{sd} SD_t + \Sigma_j \lambda_j x_{jit}\right) \ln n_i$$
$$+ \rho \Sigma_k dum_{kit} + \mu_i + \varepsilon_{it} \tag{3-8}$$

$$\ln\frac{c_i}{n_i} = \gamma_0 + \gamma_W \ln w_i + \left[\beta_g \ln z_i + \left(\gamma_{n0} + \gamma_{n1} \ln n_i + \gamma_{sd} SD + \Sigma_j \lambda_j x_{ji}\right) \ln n_i\right]$$
$$+ \rho \Sigma_k dum_{ki} + \mu_i \tag{3-9}$$

ただし、w_i は1人当たり人件費、z_i は行政サービス水準、n_i は人口、SD は標準距離 x_{ji} は15歳未満人口割合（65歳未満人口に占める割合）、65歳以上人口割合、昼夜間人口割合などの地域環境要因、dum_{ki} は2000年、2005年の年次と三大都市圏、地方圏の交差項ダミーおよび政令指定都市、中核市・特例市のダミー変数であり、γ_0 は定数項、β_g、γ_{n0}、γ_{n1}、γ_{sd}、λ_j、ρ はそれぞれの変数のパラメータである。ε_{it}, μ_i は誤差項。Z の行政サービス水準については、林（2002）も用いた日本経済新聞社産業地域研究所（2008）による「行政サービス度」の指標の偏差値を代理変数として用いることとする[2]。

この調査は、1998年から隔年で2008年まで実施され、各自治体へのアンケート調査をもとに子育て環境、高齢者福祉、教育、公共料金等、住宅・インフラの5分野の行政サービス水準について平均値を50とする偏差値に指標化して比較したものである。

(3) データの記述統計と推移

この分析のなかで用いる被説明変数、説明変数の記述統計は表3-1のとおりであり、時系列の変化を表3-2で示した。分析対象は人口3万人以上の782の市または町である。東京都特別区は、行政事務の範囲が市町と異なることから、林（2002）と同様にこの分析対象からは除いている。被説明変数となる1人当たり財政支出額は、33万円前後で推移している。2010年度の性質別・目的別の1人当たり財政支出額を見ると民生費が約9.5万円でもっとも大きく、総務・議会費、土木費、教育費がこれに続いている。性質別では普通建設事業費も約6.5万円と全体の約20％を占めている。説明変数のなかでは都市の人口数の平均は微増傾向にある。また、都市の中心部からそれぞれの地域メッシュまでの距離をその地域メッシュの人口で加重した標準偏差を示す標準距離は縮小傾向にある。

本分析では、林（2002）が指摘した生産関数を前提に1人当たり人件費を1人当たりの財政支出額の説明変数とする一方で、行政サービス水準、人口数、国勢調査において示されている人口数、年齢層別人口の割合（15歳未満の年齢層、65歳以上の年齢層）、昼夜間人口比率を混雑関数の説明変数としている。15歳未満

表3-1　市町村別1人当たり財政支出額の概要

	平均	標準偏差	最小	最大
住民1人当たり財政支出額	333.468	85.973	168.071	749.152
住民1人当たり建設事業費	65.808	38.964	6.615	501.792
住民1人当たり総務・議会費	58.041	24.674	24.855	276.064
住民1人当たり民生費	95.022	30.629	30.799	271.902
住民1人当たり衛生費	35.067	12.763	13.574	128.928
住民1人当たり労働費	1.996	3.452	0	84.241
住民1人当たり農林水産費	16.976	19.037	0.045	184.455
住民1人当たり商工費	10.297	11.003	0.222	94.546
住民1人当たり土木費	54.663	24.266	10.789	370.581
住民1人当たり消防費	14.679	4.498	4.662	46.522
住民1人当たり教育費	46.101	16.474	20.106	218.074
人口総数（人）	137,587	246,194	26,357	3,688,773
標準距離（km）	4.409	2.422	0.961	19.812
15歳未満人口割合	0.182	0.016	0.124	0.225
65歳以上人口割合	0.212	0.054	0.077	0.386
昼夜間人口割合	0.949	0.091	0.676	1.412
職員1人当たり人件費（千円）	9,315.9	922.9	4,723.3	13,308.5

注1）住民1人当たり財政支出額は2000、2005、2010年度のプールデータであり、サンプル数は2346
注2）行政支出額、人件費の単位は千円

表3-2　被説明変数、説明変数等の推移

	2000	2005	2010
住民1人当たり財政支出額	332.716	319.054	348.559
住民1人当たり建設事業費	85.378	56.299	55.748
住民1人当たり総務・議会費	58.073	57.313	58.736
住民1人当たり民生費	72.894	90.609	121.564
住民1人当たり衛生費	35.994	34.295	34.912
住民1人当たり労働費	1.963	1.425	2.600
住民1人当たり農林水産費	22.587	15.310	13.031
住民1人当たり商工費	11.078	9.479	10.334
住民1人当たり土木費	66.228	52.116	45.646
住民1人当たり消防費	14.773	14.622	14.640
住民1人当たり教育費	48.357	43.359	46.581
人口総数	136,647	137,808	138,307
標準距離	4.461	4.414	4.352
15歳未満人口割合	0.152	0.181	0.179
65歳以上人口割合	0.182	0.211	0.241
昼夜間人口割合	0.944	0.949	0.953
職員1人当たり人件費	9264.9	9350.6	9332.3

注）行政支出額、人件費の単位は千円

第 3 章　経済財政上の効果と課題　63

表 3-3　被説明変数、説明変数等の相関係数

	財政支出額	職員1人当たり人件費	人口	標準距離	15歳未満人口割合	65歳以上人口割合	昼夜間人口比率
財政支出額	1						
職員1人当たり人件費	-0.078	1					
人口	-0.014	0.194	1				
標準距離	0.632	-0.152	0.184	1			
15歳未満人口割合	0.134	-0.268	-0.215	0.090	1		
65歳以上人口割合	0.631	-0.078	-0.157	0.516	-0.093	1	
昼夜間人口比率	0.413	-0.011	0.184	0.369	0.103	0.254	1

人口割合については、多重相関性の問題に配慮して、65歳未満の人口に対する割合を説明変数としている。このほか、政令指定都市、中核市・特例市については、それ以外の都市と比較して行政の役割・権限が異なることを踏まえて、それぞれの都市がこれらのカテゴリーの都市に属するかどうかのダミー変数を説明変数としている。

被説明変数、説明変数の相関係数は表 3-3 のとおりである。

(4) 分析結果──財政支出の総額への影響

標準距離が財政支出の総額に与える影響の分析結果は、表 3-4、表 3-5 のとおりである。財政支出総額に関する影響を見ると、標準距離が正の係数を示し、その数値の割合が減少し、人口の中心部への集中が強まれば、同時に財政支出総額が低減し続ける傾向を示している。こうした傾向への説明として、都市の中心部への人口の集中やそれに伴う行政の施設やサービスの集約が進むことで、効率的に行政サービスが提供されている可能性が考えられる。そこで得られた結論からすれば、都市の中心点からの標準距離の円内には人口数の分布が標準正規分布に従う場合には7割程度（68.13％）をカバーすることになり、標準距離が1割縮減することは、全体人口数の5.08％が1割縮減した標準距離の円の中に集約させることを意味する[3]。この1割の縮減は、表 3-4 に示した係数の推計値に従えば、財政支出総額は1.7％から2.7％程度削減できることになる。この結果、人口規模が平均的な都市（今回の分析対象となった地方自治体の人口総数の平均は約13.8万人、標準距離の平均は4.352km）において約8億円～13億円程度の歳出削減の効果を生むことになる[4]。

この結果は、都市内の DID の人口比率などを用いた林（2002）などの先行研究とも整合的である。ただし、林（2002）はクロスセクションの分析であり、変数の単位も異なることから、直接の数値による比較は困難であるうえに、林

表3-4　パネルデータによる推計結果

被説明変数	固定効果		Prais-Winsten回帰	
	係数	標準誤差	係数	標準誤差
定数	18.893***	(4.950)	7.227***	(0.796)
賃金	0.073*	(0.042)	0.230***	(0.037)
定数(混雑関数)	-2.288***	(0.892)	-0.651***	(0.140)
人口(対数値)	0.088**	(0.040)	0.019***	(0.006)
標準距離	0.022*	(0.011)	0.014***	(0.001)
15歳未満割合	-0.030	(0.034)	0.075**	(0.041)
65歳以上割合	0.049**	(0.024)	0.149***	(0.012)
昼夜間人口比率	0.035***	(0.014)	0.055***	(0.004)
5年以内合併ダミー	0.008	(0.005)	0.019***	(0.007)
政令都市ダミー	0.047	(0.037)	0.127***	(0.028)
中核市・特例市ダミー	0.017	(0.015)	-0.015**	(0.008)
05年ダミー×大都市圏ダミー	-0.057***	(0.013)	-0.018***	(0.005)
00年ダミー×大都市圏ダミー	0.012	(0.021)	0.092***	(0.008)
05年ダミー×地方圏ダミー	-0.079***	(0.009)	-0.054***	(0.004)
00年ダミー×地方圏ダミー	-0.018	(0.017)	0.033***	(0.006)
ρ値			0.9979	
標本規模	2346		2346	
R^2(overall)	0.5258		0.9989	
Hausman検定	97.8 Prob>Chi2 0.0000			
Breusch-Godfrey検定			730.1229 P-value>Chi2 (1) 0.0000	

注）被説明変数は対数値。＊＊＊は1％有意、＊＊は5％有意、＊は10％有意を示す

表3-5　標準距離による分析とDID人口比率による係数の比較

	標準距離による分析 (表3-4の推計)		DID人口比率による分析 (林(2002)の推計)	
定数(混雑関数)	-2.288***	(0.892)	-2.001***	(0.010)
人口(対数値)	0.088**	(0.040)	0.180***	(0.002)
標準距離	0.022*	(0.011)	–	
DID人口比率	–		0.023**	(0.041)
面積	–		0.021**	(0.025)

注1）被説明変数は対数値。＊＊＊は1％有意、＊＊は5％有意、＊は10％有意を示す
　2）標準距離による分析は表3-4の推計結果。DID人口比率による分析結果は林(2002)による

(2002) の研究はDID内の比率に限っているために、DID内で中心部への人口集中が生じた場合の財政への影響を分析することができないが、本件はDIDの内部でも外側でも中心部に向けた人口の移動に対する影響を分析することが可能である。本分析では、財政基準需要額の算定に関係が深い人口が説明変数に位置づけられている。同様に関係が深い地方自治体の区域の面積は時系列間で変化が

表3-6 クロスセクションデータによる推計結果

	係数	標準誤差
定数	4.633***	(1.492)
行政サービス水準	0.099**	(0.038)
賃金	0.534***	(0.081)
定数(混雑関数)	-0.714***	(0.223)
人口(対数値)	0.021**	(0.009)
標準距離	0.011***	(0.002)
15歳未満割合	0.101***	(0.041)
65歳以上比率	0.156***	(0.020)
昼夜間人口比率	0.048***	(0.006)
直近5年以内合併ダミー	0.091	(0.079)
政令都市ダミー	0.320***	(0.072)
中核市・特例市ダミー	0.012	(0.029)
R^2	0.6546	

注1) 被説明変数は対数値。＊＊＊は1％有意、＊＊は5％有意、＊は10％有意を示す

なく、変数とはしていない。一方で、標準距離とは別の指標であるDID人口比率を変数にしている林(2002)の先行研究では人口や面積も説明変数に用いており、人口、面積ともに有意に影響を与えている。この先行研究での人口の財政支出額への影響を示す係数と本分析の人口の係数とを比較した場合、表3-5に示すとおり、大きな差異はない。ただ、林(2002)によるDID人口比率を変数として使った分析は人口の高い都市ほどその比率が高くなりがちになることは避けられないうえに、人口や面積も説明変数としていることから、本分析結果とのずれが生ずることは避けられない。

同時に推計を行っている都市の人口数は混雑関数の中で定数項が負で、人口の変数が正の係数を示している。都市の人口数と1人当たりの財政支出額との関係を見ると、人口数の増加とともに「規模の経済」により1人当たり財政支出額、横軸に世帯数を取るとU字型の軌跡を描くことになる。この場合、1人当たり財政支出額は、固定効果モデルによれば、人口規模で見れば約28万人[5]で最小となり、その後は増大する構造を示している。

このほか、65歳以上人口比率は有意に正の係数となり、行政コストの増加要因となることを示している。今後その数値が上昇することが予想され、これは高齢者向けの医療・福祉関係など需要に対応するための行政費用の増加に影響するものと考えられる。

行政サービス水準を説明変数に織り込んだ2000年の財政支出額等を対象とするクロスセクションデータによる推計結果は、表3-6のとおりであり、パネルデ

ータによる推計と整合的であり、なおかつ行政サービス水準が財政支出額に影響を及ぼすことを前提とするモデルの妥当性を示している。

(5) 推計結果——性質別、目的別財政支出額

標準距離が性質別、目的別財政支出額に与える影響は表3-7のとおりであり、とくに普通建設事業費、土木費、教育費などは、標準距離に関して正の係数を示しており、コンパクト化による財政支出抑制効果が認められる。これに対して、移転支出が多い民生費や労働費は、財政支出の抑制効果が認められなかった。

このうち、性質別財政支出額である普通建設事業費については、標準距離が有意に正の係数を示しており、その数値は財政支出総額の推計よりもかなり大きい。ここでいう建設事業は、道路などの公共事業だけでなく、福祉施設や教育施設も対象となり、人口の集積と併せてこうした施設が集中していることが行政コストの縮減に有効であることを示している。

次に、目的別財政支出額のなかでは、建設事業の割合が比較的大きいと見込まれる土木費は正の係数を示しているが、固定効果では有意ではなく、係数の数値も他の費目と比べ大きいとはいえない。土木費のなかでは、都市の中心部の再開発事業は、都市のコンパクト化を推進する施策として評価される一方で、その事業の過程ではむしろ一定の財政支出を必要とするものであり、都市の標準距離の

表3-7 性質別・目的別財政支出額ごとの標準距離の係数

	固定効果		Prais-Winsten回帰		Breusch-Godfrey検定
	係数	標準偏差	係数	標準偏差	
(性質別)					
普通建設事業費	0.079*	(0.046)	0.034***	(0.003)	188.9833(p値>0.0000)
(目的別)					
総務・議会費	0.002	(0.025)	0.025***	(0.002)	359.9228(p値>0.0000)
民生費	0.008	(0.011)	-0.009***	(0.003)	950.0562(p値>0.0000)
衛生費	-0.045*	(0.024)	0.015***	(0.002)	543.2256(p値>0.0000)
労働費	-0.034	(0.044)	-0.005	(0.007)	746.8382(p値>0.0000)
農林水産費	0.051	(0.031)	0.109***	(0.002)	877.5250(p値>0.0000)
商工費	0.046	(0.045)	0.039***	(0.005)	823.0845(p値>0.0000)
土木費	0.024	(0.030)	0.015***	(0.001)	578.1760(p値>0.0000)
道路橋りょう費	0.008	(0.038)	0.049***	(0.003)	580.6867(p値>0.0000)
住宅費	0.072	(0.065)	0.043***	(0.008)	414.1246(p値>0.0000)
消防費	-0.027*	(0.016)	0.025***	(0.001)	564.2423(p値>0.0000)
教育費	0.050*	(0.029)	0.014***	(0.002)	263.4992(p値>0.0000)

注) 被説明変数は対数値。＊＊＊は1％有意、＊＊は5％有意、＊は10％有意を示す

短縮が即座に財政支出減に直結するのではなく、より長期的効果を検証したほうがよい費目が土木費には含まれていることを示している。

一方で、学校や図書館、公民館等の文教施設の建設、維持補修のほか、教育活動への支出に充てられている教育費については、有意に正の係数を示している。この点については、都市の中の人口分布がコンパクトなものになった場合は、校舎や文教施設を統合できるほか、教育サービスに必要な教職員の配置も集約できることから、財政支出額を抑制する影響が生じている可能性が高い。

(6) 分析結果から生ずる課題

本分析では、それぞれの都市の中心部からそれぞれの地域メッシュへの距離について標準距離を算出し、その標準距離をコンパクトシティの形成、すなわち都市中心部への人口集中度の指標として位置づけ、その数値が都市財政に与える影響を推計した。この推計の結果、Prais-Winsten 回帰まで含めて検証すれば、都市の中心地に向けた集中傾向は、総務・議会費、教育費、土木費、衛生費、消防費などを中心に1人当たりの財政支出額を抑制する効果があることを明らかにした。

この分析は、都市のコンパクト化に限定した分析であるが、歳入面からもコンパクト化が地方財政に影響を与える可能性がある。次章に述べるように、都市のコンパクト化は、居住者にとって従業地や公共施設へのアクセス向上など利便性の改善により、地価が上昇する可能性がある。その場合固定資産税などの税収増により、地方自治体の歳入増となり、財政の改善につながる可能性がある。表3-8、表3-9に示すとおり、地価と地方税収との間では、正に有意な関係が認められる。

一方で、歳出面についていえば、市街地を集中させる施策を講ずるときのコストが大きく膨らむ可能性も考慮する必要がある。今回の分析でいえば、上記のようなコンパクト化の効果をあげるためには、標準距離を1割縮減することになり、10万人の都市でいえば、約5000人の住民を周辺部から標準距離の範囲内に移さねばならないことを意味し、施策の内容によっては大きなコストを生ずる可能性がある。こうした点から見れば、都市のコンパクト化は、コストに見合った便益をもたらすようにその手法を十分検討する必要があることになろう。

また、日本の各都市の少子・高齢化は長期的に進行することが予想され、65歳以上の人口の占める割合は、国立社会保障・人口問題研究所（2012）の日本の将来推計人口（中位推計）によれば、2010年の23.0％から2030年には31.6％に上昇

表3-8 地方税収の状況（単位：百万円）

	標本数	平均	標準偏差	最小値	最大値
地方税収	954	203646	471998	1720	7006752

表3-9 地価が地方税収に与える影響

	係数	標準誤差
地価	0.306***	(0.050)
2000年ダミー	-0.163***	(0.075)
2005年ダミー	-0.015	(0.071)
定数	8.902***	(0.569)

注）＊＊＊は1％有意、＊＊は5％有意、＊は10％有意を示す

することが予測されている。本研究の推計結果に従えば、各都市の人口割合がこの予測通りに変化し、65歳以上の割合が8％上昇すれば、固定効果分析に従う場合でも各都市の財政支出の総額は4.9%程度上昇することが予想される[6]。こうした人口構成の変化による財政支出増加のリスクも、コンパクトシティ形成による財政支出削減の期待の一方で進行していくことも留意すべきである。

こうした課題のなかでも、コンパクトシティが形成されることは地方自治体の財政支出に与える影響が大きいことは今般の分析でも明らかであり、今後の人口減少、高齢化のなかでも、財政支出を抑制し、住民の過度な負担を抑制できる最適の都市構造の実現を図っていくことが求められる。

さらに、コンパクトシティがもたらす影響は、経済や環境、福祉など多くの分野にまたがるものであり、本稿の分析の対象となった都市の財政支出に与える影響は一つの側面にすぎない。コンパクトシティの形成を推進することが都市の経済の活性化や環境負荷の低減あるいは今後都市の中で増大する高齢者の暮らしやすさにどのように結びついていくかという観点も含めて議論を深めていくことが重要であると考える。

3. それぞれの地方自治体の経済活力に与える影響についての分析

(1) 分析の背景と分析例

本節では、コンパクトシティの形成がそれぞれの都市の経済力にどのような影響を与えるかについて検証を行う。

コンパクトシティが経済成長につながるかどうかという点については、Jacobs (1962) における「アメリカ大都市の死と再生」の記述が一つの参考となる。このなかでは、Jacobs (1961) は「都市がいきいきとした多様性をはぐくむ要件」として、以下の4つをあげている。
(i)その地区は2つ以上、おそらく3つ以上の主要な機能を持っていなければならない
(ii)ほとんどの街区は短くなければならない
(iii)その地区の建物は築年数においても、状態においても多様でなくてはならない
(iv)どのような目的であれ、そこには十分に高密度な人の集積がなければならない
　すなわち、土地の混合利用（ミックス・ユーズ）と高い人口密度が「都市の多様性」や「活気」や「アイデアの活発な交換」を生み、それが都市のイノベーションや富の創造につながっていくということを示している。
　では、都市の中心部に人口が集積することで経済の活性化につながり、「密度の経済」が成立することを理論的に導き出すことができるだろうか。
　一般的に、都市には「規模の経済」があると言われている。多くの労働力の供給を可能とし、多くの財やサービスが存在することから、人口の多い都市ほど生産活動が活発化し、生産性が高くなる可能性が高い。ただし、こうした「規模の経済」ばかりでなく、都市の中心部に人口が集まった状態の場合には、「密度の経済」の成立が考えられる。これはサービス産業においてとくに重要である。なぜなら、サービス産業は「生産と消費の同時性」が特徴であり、需要が一定密度で確保されていることが重要となるからである。すなわち、都市の人口密度が高いこと自体がサービス産業の生産性を引き上げる効果を持っていると考えられる。
　実際にそうした「密度の経済」が成り立つかどうかについては、さらなる実証研究が必要となる。この点、例えば Rosenthal and Strange (2004) が人口密度が2倍になると生産性は3～8％上昇すると指摘する等、製造業に関しては多くの研究例がある。また Morikawa (2011) は、いくつかのサービス業について、都市の人口密度が2倍になると生産性は7～15％上昇するとしている。この分析によれば、密度の経済の効果はサービス業が製造業に比べて約2倍になっていることになる。この分析では、事業所レベルのデータを使って10種類のサービス産業で生産関数を推定しており、その生産関数のなかにはその事業所が立地している場所の人口密度が含まれている。これにより、人口密度を倍にしたときの生産性に及ぼす効果を推計できることになる。ただし、この分析も都市の区域全体にわたる人口密度を対象としており、コンパクトシティが想定している都市の内

部の構造、すなわち都市の中心部にどの程度人口が集中しているかという点にまで分析は踏み込んではいない。

以下では、地方自治体の歳出額と同様に、それぞれの都市の人口集中地区の人口の割合や人口密度を説明変数として1人当たり課税所得を推計することにより、都市のコンパクト化が経済活性化に与える影響を推計する。

(2) モデルと推計結果

本分析では、1人当たり課税所得を被説明変数としている。地域の生産高が労働要素と資本要素の投入によって成り立っているとした場合、それぞれの都市の1人当たり課税所得は、その都市での生産活動の労働要素投入に対する報酬、すなわち労働生産性にほかならない。ここで、都市の中の人口集中度が高まった場合、取引機会や消費活動が高まり、その結果生産活動が活性化し、労働生産性も高まる可能性がある。そこで、説明変数に、その都市の人口のほかに標準距離を説明変数に加えて、都市中心部への人口集中度が1人当たり課税所得に与える影響を分析した。

表3-10は1人当たり課税対象所得の推移である。説明変数の相関係数は表3-11のとおりであり多重共線性の懸念から、第2次産業と第3次産業の就業者割合を分けて分析している。分析の結果は、表3-12のとおりであり、人口の集中度を示す標準距離は、1人当たり課税所得に負に有意な影響を与えており、この距離が縮まり、都市の中の市街地がコンパクト化すれば所得が増えることを示している。人口に対して正の係数を示しているのは、「規模の経済」を反映していると考えられるが、このほかに「密度の経済」が作用しているといえる。

(3) 分析の成果と今後の分析の方向性

この分析は、都市の人口が中心部に集中した場合に経済活力にプラスの影響を与えることを示唆している。しかし、この分析は、標準距離が1人当たりの課税所得に影響を与えることを示す係数が有意であったことを示すにとどまり、人口や市街地の集中がどのようなメカニズムで経済に影響を与えうるかの疑問が十分解明されるには至っていない。

Jacobs (1961) が示唆するように、理論的には、都市の中に人口や市街地の集中が深まれば経済主体間の相互の連携や交流が深まり、経済活動の活発化が進展するとはいわれるが、それでは都市の郊外に立地することが多い量産型工場やスーパーマーケットは経済に貢献しないのかという疑問も生じうる。

第 3 章　経済財政上の効果と課題　71

表 3-10　1 人当たり課税対象所得の推移（千円 / 人）

	標本数	平均	標準偏差	最小	最大
総計	2349	1290.142	271.332	610.295	2635.738
2000年	783	1372.687	269.560	677.277	2627.442
2005年	783	1272.584	265.620	627.522	2575.891
2010年	783	1225.154	257.829	610.295	2635.738

表 3-11　被説明変数と説明変数の相関係数

	課税所得	人口	標準距離	-15歳65歳-	第2次産業	第3次産業	昼夜間
1人当たり課税対象所得	1						
人口（対数値）	0.382	1					
標準距離	-0.439	0.221	1				
15歳未満65歳以上人口割合	-0.740	-0.346	0.538	1			
第2次産業就業者割合	0.051	-0.222	0.016	-0.051	1		
第3次産業就業者割合	0.324	0.391	-0.311	-0.348	-0.773	1	
昼夜間人口割合	-0.260	0.021	0.414	0.269	0.081	-0.165	1

注）横軸の「課税所得」は「1人当たり課税対象所得」、「-15歳65歳-」は「15歳未満65歳以上人口割合」、「第2次産業」「第3次産業」はそれぞれ「第2次産業就業者割合」「第3次産業就業者割合」、「昼夜間」は「昼夜間人口割合」

表 3-12　標準距離等が 1 人当たり課税所得に与える影響

	(I)		(II)	
	係数	（標準誤差）	係数	（標準誤差）
人口	0.076***	(0.004)	0.071***	(0.005)
標準距離	-0.068***	(0.008)	-0.070***	(0.008)
15歳未満65歳以上人口割合	-2.397***	(0.107)	-2.564***	(0.108)
第2次産業就業者割合	0.425***	(0.038)		
第3次産業就業者割合			-0.172***	(0.04)
昼夜間人口比率	-0.263***	(0.033)	-0.223***	(0.034)
ダミー（2000年）	-0.012***	(0.008)	-0.001	(0.008)
ダミー（2005年）	-0.029***	(0.007)	-0.024***	(0.007)
定数	7.356***	(0.078)	7.670***	(0.076)

注 1 ）（I)は第 2 次産業就業者割合、（II)は第 3 次産業就業者割合を説明変数としている
　 2 ）人口と標準距離は対数値
　 3 ）***、**、*はそれぞれ 1 %、 5 %、10%有意を示す

　こうした疑問に答えるためには、よりミクロな経済活動に影響する要因の分析が必要となるだろう。

　また、経済活動を分析する場合には、今回の分析に見られるように、 1 人当たり課税所得のレベルで十分分析できるかどうかの問題が残る。本来のあり方とし

ては、市町村別の生産額を算出して、標準距離が与える影響を分析すべきであるが、市町村別の地域別生産額の統計は十分整備されているとはいいがたい状況にある。

さらに、市町村間の距離が狭まり、それぞれの都市の就労者が隣接した都市に就労することが通常で、相互の経済交流が活発である大都市圏などの地域に、都市単位での分析が適用できるかどうかいう課題もある。この場合、複数の都市を含んだ通勤圏の単位で分析を行うことも検討する必要が出てくるであろう。

注

1 平成22（2010）年の国勢調査ではDID外の人口は33.3%を占めている。
2 林（2002）は、産業地域研究所の前身の組織である日経産業研究所による1998年の「行政サービス総合得点」を用いている。
3 5.08%の人口の集約は、68.26%［1標準距離のカバー率］－63.18%［0.9標準距離のカバー率］で試算。
4 標準距離が1割縮減した場合、固定効果分析によると、1人当たりの財政支出額は、

$$1 - e^{0.022 \times \ln(138307) \times \ln(4.352 \times 0.9)} \Big/ e^{0.022 \times \ln(138307) \times \ln(4.352)} = 0.027$$

により約2.7%の削減。Prais-Winsten回帰によれば、1.7%の削減。2.7%の財政支出の縮減額は、348.559（千円／人）×0.027×138307＝13.02（億円）に相当。1.7%の場合は8.20億円。

5 1人当たり財政支出額が最小となる人口数は、(3-1)式をもとに下記式により導かれる。

$$n = exp\left(\frac{-\gamma_{n0} - \gamma_{sd}SD - \Sigma_j \lambda_j x_{ji}}{2\gamma_{n1}}\right)$$

6 $e^{0.049 \times \ln(138307) \times 0.312} \Big/ e^{0.049 \times \ln(138307) \times 0.23} - 1 = 0.0487$

により約4.9%の増加。

第4章
持続可能性確保や居住性能への効果と課題

　コンパクトシティの議論のなかでは、都市の移動距離を抑制して温室効果ガスの発生を抑制することについて大きな期待が寄せられている。
　本章では、市町村別のデータをもとに日本における都市のコンパクト化を行った場合の CO_2 の排出量の変化を分析する。
　また、都市のコンパクト化による行政サービスや資産価値の改善効果を分析するともに、周辺の土地利用や環境の変化と不動産価格との関係の分析を通じて、コンパクト化をはじめとする都市構造の再編が資産価値に与える影響を考察する際の示唆を与えることを目指す。

1. 都市のコンパクト化が温室効果の負荷に与える影響

都市の持続可能性を議論する際に、都市内の移動や産業活動、日常生活を通じて発生するエネルギー消費量とそれによって発生する温室効果ガス、とくにCO_2排出量をいかに抑制していくかが大きな論点となっている。

1997年に温室効果ガスに関する削減目標を定めた京都議定書で定められた日本のCO_2排出量の削減目標を達成することが大きな課題となっているが、図4-1に示すとおり、2014年のCO_2排出量は、12億6500万トンと2005年度比で3.14％減少しているのに対し、1990年と比較して9.43％増加しており、さらなる施策の展開が求められている。

1人当たりのCO_2排出量は、図4-2のとおり、2014年度に9.96トン／人となっており、2005年度比で2.54％減少、前年度比で3.30％減少となっているが、1990年度に比べれば高い水準になっている。

部門別のCO_2排出量の推移を見ると、図4-3で示すとおり、間接排出量では産業部門4億2600万トン（総排出量の割合で34％）、業務その他部門で2億6100万トン（21％）、運輸部門2億1700万トン（17％）の次に家庭部門1億9200万トン（15％）と続いている。しかし、排出量の推移を見ると、産業部門が減少して

図4-1 日本のCO_2排出量の推移（CO_2換算）

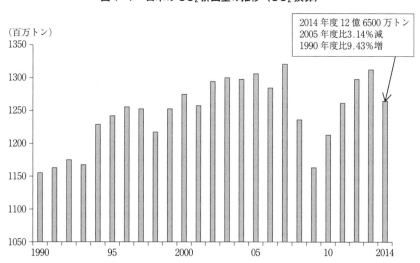

出典：環境省

図4-2 1人当たり日本のCO_2排出量の推移

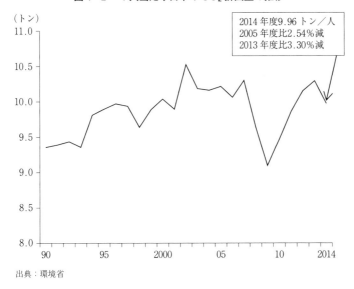

出典：環境省

図4-3 日本の部門別CO_2排出量の推移

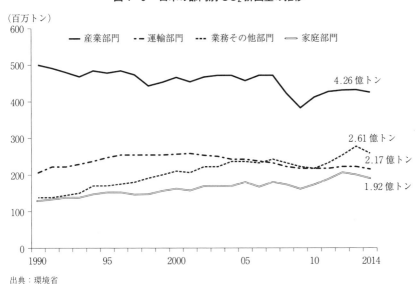

出典：環境省

いるのに対し、家庭部門は長期的には減少しておらず、こうした分野からのCO_2排出量の削減が大きな課題である。

2. 都市のコンパクト化による CO_2 発生量の縮減効果

　都市をコンパクトシティにした場合、都市の中心部に住宅や産業活動、日常生活に必要な施設が中心部に集まり、住宅施設間の距離が短くなり、移動時間、距離の短縮により、CO_2 の排出量を削減できる可能性がある。

　こうした都市のコンパクト化による CO_2 の抑制効果については第1章にも述べたとおり、海外ではいくつかの実証事例があるが、国内ではあまり事例がない。海外の事例に関しては、CO_2 の発生要因は多くの事象があり、単純に人口密度を説明変数としたのでは、同時性の問題から結果にバイアスが生ずるとの批判もある。

　ここでは、全国の各自治体において推計されている2000年、2010年の1人当たりの CO_2 排出量を被説明変数として、前章で都市財政や課税対象所得について行った場合と同様に、都市の人口分布の中心からそれぞれの市街地までの距離の標準偏差である標準距離を説明変数として OLS 分析を行うこととする。

　この分析で使用する CO_2 の推定排出量は、埼玉大学の外岡豊教授や国立環境研究所の協力を得て環境自治体会議環境政策研究所が推計を行ってとりまとめたものである。その CO_2 の推定排出量は、製造業、農業、建設業（建築）、業務、家庭、運輸（自動車）の各部門の推計値の合計から構成されている。その数値の推移は表4－1、被説明変数、説明変数との相関は表4－2、分析結果は表4－3のとおりである。

　結果としては、標準距離によって示されたよう都市の人口の集積が、1人当たりの CO_2 の排出量を有意に抑制していることになる。この係数から判断する限り、標準距離を1割短縮することに対して、1人当たりの排出量が1.1～1.7％程度の排出量の削減に貢献することになる。もっとも、こうした効果に対して、都市の中心部に人口を集積させることの意義が認められるのかどうかが問題となる。都市の全体の人口を仮に不変と解した場合、都市の中心部に人口を集積させることはすなわち周辺からの人口移動を伴うことになり、その移動自体が、金銭面のコストにつながることはもちろんのこと、既存の住宅の除却も含め、都市の中心部への業務施設や住宅の移転や中心部での施設整備も伴うことから、CO_2 の排出量にさらなる負荷かかる可能性も留意すべきであろう。

表 4-1　市町村別の1人当たりの CO_2 の推定排出量（トン／人）の推移

	標本数	平均	標準偏差	最小値	最大値
総量	1566	10.219	12.182	2.476	223.215
2000年	783	10.416	8.849	2.597	130.912
2001年	783	10.023	14.786	2.476	223.215

表 4-2　1人当たりの CO_2 の推定排出量と標準距離その他の説明変数との相関係数

	CO_2 排出量	標準距離	-15歳 65歳-	第2次産業	第3次産業	昼夜間
1人当たり CO_2 の推定排出量	1					
標準距離	0.239	1				
15歳未満65歳以上人口割合	0.037	0.538	1			
第2次産業就業者割合	0.518	0.016	-0.051	1		
第3次産業就業者割合	-0.457	-0.311	-0.348	-0.778	1	
昼夜間人口割合	-0.335	0.416	0.253	0.086	-0.176	1

注）横軸の「CO_2 排出量」は「1人当たり CO_2 の推定排出量」、「-15歳 65歳-」は「15歳未満65歳以上人口割合」、「第2次産業」「第3次産業」はそれぞれ「第2次産業就業者割合」「第3次産業就業者割合」、「昼夜間」は「昼夜間人口割合」

表 4-3　標準距離等と CO_2 推定排出量に与える影響

	(Ⅰ) 係数	(Ⅰ) 標準誤差	(Ⅱ) 係数	(Ⅱ) 標準誤差
標準距離	0.161***	(0.023)	0.100***	(0.025)
15歳未満65歳以上人口割合	-0.886***	(0.253)	-2.083***	(0.277)
第2次産業就業者割合	3.192***	(0.130)		
第3次産業就業者割合			-2.551***	(0.134)
昼夜間人口割合	1.255***	(0.119)	1.419***	(0.125)
ダミー（2000年）	-0.132***	(0.026)	-0.112***	(0.028)
定数	0.155	(0.115)	2.841***	(0.164)

注1）(Ⅰ)は全産業のうち第2次産業就業者、(Ⅱ)は第3次産業就業者に占める割合を説明変数にして推計
　2）***、**、*はそれぞれ1％、5％、10％有意を示す

3．コンパクトシティが都市居住全般に与える影響の定量的把握

前節で述べたコンパクトシティの施策による効果を分析する場合、当初議論されていた財政支出や持続可能性の観点ばかりではなく、都市の中に暮らす居住環境にも影響を与えることが考えられる。都市の中の人口の集中度を高め、福祉・

表4-4　行政サービス水準（2000）

	標本数	平均	標準偏差	最小値	最大値
行政サービス水準	496	50.550	9.899	21.470	78.310

表4-5　行政サービス水準と標準距離その他の説明変数との相関係数

	行政サービス水準	人口	標準距離	15歳未満	65歳以上
行政サービス水準	1				
人口（対数値）	0.409	1			
標準距離	-0.247	0.181	1		
15歳未満人口割合	0.004	0.028	-0.169	1	
65歳以上人口割合	-0.038	-0.397	0.468	-0.602	1

注）横軸の「15歳未満」は「15歳未満人口割合」、「65歳以上」は「65歳以上人口割合」

表4-6　標準距離と行政サービス水準との関係

	（I）		（II）	
	係数	標準誤差	係数	標準誤差
人口（対数値）	3.609***	(0.678)	4.765***	(0.452)
標準距離	-5.311***	(1.158)	-7.842***	(0.714)
15歳未満人口割合×100			-1.016***	(0.268)
65歳以上人口割合×100	-0.451***	(0.128)		
定数	23.969***	(7.757)	21.147***	(6.906)

注1）(I)は65歳以上人口割合、(II)は15歳未満人口割合を説明変数として推計
注2）＊＊＊、＊＊、＊はそれぞれ1％、5％、10％有意を示す

医療施設、図書館、公民館や行政施設にも円滑で比較的短時間で移動できる環境を整えることは居住者にとっての利便性を高め、そのことが住宅等の資産価値を高める結果を生むことになると考えられる。もちろんこうした効果は、単に人口を都市の中心部に機械的に集約すればよいというものではなく、市街地を集約させたうえでその市街地にふさわしい公共施設が適切な場所に配置され、過度な集中による外部不経済を顕在化させないことが前提になる。

　こうしたコンパクトシティの形成に伴って、都市の居住者の利便が本当に改善したかどうかの検証は難しいが、前述のとおり日本経済新聞産業地域研究所の調査により全国の市区の行政サービス水準が公表されている。この調査は、前述のとおり、何回かにわたり行われているが、それぞれの評価基準が異なり、時点間の行政サービス水準の比較は困難である。そこで、都市の集中度が与える影響について2000年度の行政サービス水準のデータを用いてOLS（最小自乗法）を通じて分析した。ここで、2000年度の行政サービス水準の調査の概要は表4-4、

表4-7　各都市の公示地価（円/m²、住宅地平均）の推移

	標本数	平均	標準偏差	最小値	最大値
公示地価（2000）	299	146885	73690	21700	448400
公示地価（2005）	302	109517	60858	20800	411900
公示地価（2010）	353	95452	65102	17500	451600

表4-8　公示地価と標準距離その他の説明変数との相関係数

	地価	人口	標準距離	第2次産業	第3次産業	昼夜間
地価	1					
人口	0.139	1				
標準距離	-0.552	0.579	1			
第2次産業従業者割合	-0.168	0.028	-0.169	1		
第3次産業従業者割合	0.341	0.287	-0.153	-0.910	1	
昼夜間人口割合	-0.315	0.385	0.521	0.069	-0.135	1

注）横軸の「2次産業」「3次産業」はそれぞれ「第2次産業就業者割合」「第3次産業就業者割合」、「昼夜間」は「昼夜間人口割合」

表4-9　各都市の公示地価の平均値と人口集中度との関係

	（Ⅰ）		（Ⅱ）	
	係数	標準誤差	係数	標準偏差
人口（対数値）	0.505***	(0.019)	0.501***	(0.018)
標準距離	-0.962***	(0.027)	-0.961***	(0.026)
第2次産業従業者割合			-3.466***	(0.161)
第3次産業従業者割合	0.198	(0.105)		
昼夜間人口比率	-0.591***	(0.123)	-0.579***	(0.122)
ダミー（2000年）	0.416***	(0.026)	0.433***	(0.028)
ダミー（2005年）	0.104***	(0.026)	0.115***	(0.026)
定数	6.848***	(0.199)	7.104***	(0.221)

注1）(Ⅰ)は全産業のうち第2次産業就業者、(Ⅱ)は第3次産業就業者に占める割合を説明変数にして推計
　2）***、**、*はそれぞれ1％、5％、10％有意を示す

　被説明変数である行政サービス水準と説明変数との相関係数は表4-5、OLS分析の結果は表4-6のとおりである。都市の集中度を示す説明変数は、標準距離によっているが、OLS分析の結果係数は、有意に負の係数を示しており、都市の人口集中が進み、標準距離が小さいときは、行政サービス水準が改善することを示している。

　こうした都市中心部の人口集中による居住することによる効用の改善が、資産価値にはどのように反映されるかが、次に検証すべき課題となる。人口の規模などの条件をそろえたうえで、人口集中度が高い都市と人口集中度が低くスプロー

ルが生じる都市とでは資産価値がどのように異なるかを計測することは、それぞれの都市の都市居住の効用を測るうえで意味のある検証といえる。そこで、その資産を使用する価値はヘドニックアプローチに見られるように不動産の価格に反映されているとの仮説のもとに、地価（公示）を被説明変数に、集積の経済を代表する人口規模や人口の集中度を説明変数としたOLS分析を行った。

各都市の住宅地の価格（平均公示地価）は表4-7、住宅地の価格と標準距離をはじめとした説明変数との相関係数は表4-8、OLSによる分析結果は表4-9のとおりである。人口規模が正の係数を示し、人口の集中が地価を押し上げる「規模の経済」を示したほか、標準距離が地価の上昇に対して負の係数を示しており、人口の集中している都市の状態が居住環境の向上に寄与する「密度の便益」が存在すると考えることができる。

第5章
コンパクトシティ形成を実現する政策と評価

　第3章、第4章で議論したようにコンパクトシティでは、1人当たり財政支出額が抑制され、市町村別の所得金額が多くなる傾向が認められるほか、環境負荷も低減される効果も認められるところである。しかし政策として取り入れられるためには、コンパクトシティを形成するためのコストが効果に見合ったものなのか、また、コンパクトシティ形成に至る手法が効果的かどうかについての検証が不可欠である。
　本章では、内外で試みられているコンパクトシティに向けた取り組みをもとにその政策のあるべき姿を整理する。

1. コンパクトシティで講じられている施策

　コンパクトシティを実現するための施策は内外で数多く見られる。第1章で紹介したグリーンベルトの施策も、住宅市街地の郊外への拡大を防ぐという意味でコンパクトシティに向けた施策の一部として整理できる。
　これらの施策を整理すると、以下のような施策に分類できる。
①市街地の郊外への拡大を規制する施策あるいはあらかじめ住宅市街地を限定する施策
②市街地の中心部への居住の移動や公共施設等の再配置を促進する施策
③市街地の中心部の土地利用規制の緩和や再開発を促進する施策
④市街地の公共交通の推進や歩行者の利便性を推進する施策
　これらの施策についてどのような施策、あるいはそのポリシーミックスが効果的であるか、その点をどのように評価し、政策に反映させるかを論ずるのがこの章のテーマである。以下、上記の分類に従って施策の具体的な内容を事例に即して記述していく。

(1) 都市の郊外部への拡大を規制する方策

　①に関しては、都市計画制度でどの程度厳格な土地利用規制が可能であるかによる。概していえば、日本の都市は、市街化を促進すべき地域である市街化区域を広範に設定する傾向があり、都市の市街地の人口密度が海外の都市と比較して低くなる傾向にある。これ以上、都市郊外への人口流出を抑えるために、郊外部での土地利用規制を強化する方策も考えられるが、すでに市街地が形成されてしまっている地域ではそうした施策はあまり意味がない。また、市街化区域の開発可能な地域を狭めたり、規制を強化しても、すでに郊外居住している住民を中心部に居住させることにはつながらない。
　都市の中心部での都市開発に最低密度規制をかけるという方法もあり、パリを含む広域圏であるイル・ド・フランスのストラテジー・プランにその例が見られる。図5-1にその概括的な地域の目標が示されている。濃い丸点で示されているのが「高密化が望ましい地区」（GISに基づく25ヘクタール単位の分析にもとづく）であり、薄い丸点が「駅周辺で高密化を図る地区」であり、多くは（既存のないし計画されている）鉄道沿線に示されている。フランスの都市計画では従来から容積率（COS）による最高密度規制が行われてきたが、最近の法改正でこ

第5章　コンパクトシティ形成を実現する政策と評価　83

図5-1　イル・ド・フランスのストラテジー・プラン

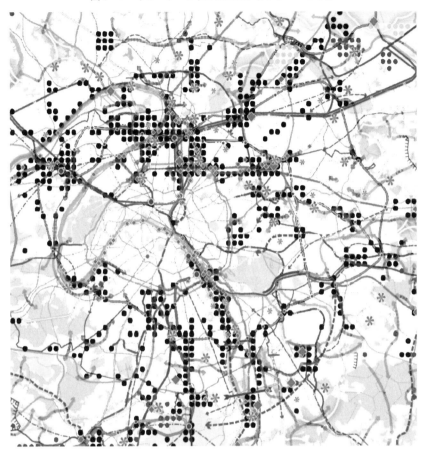

出典:「イル・ド・フランス2030」（イル・ド・フランス政府資料）

こに示されているような公共交通の駅周辺で従来とは正反対の最低密度規制が可能になった。各自治体は、最高密度の半分から4分の3の値で最低密度を規定できる。

　この最低密度規制は税により担保されている。すなわち、最低密度が定められている地域では、最低密度以下の開発をする場合、VSD（過小密度税）を支払わなければならない。ただし、この税を導入するかどうかは、自治体の裁量で選択が可能で、税をかけるかどうかの閾値も一定限度の幅で自治体が選べる仕組みとなっている。

　広域政府（イル・ド・フランス地方政府）はストラテジープランを定めて、鉄

表5-1 ロンドンのSRQデンシティ・マトリックス

	公共交通利便性（PTAL）		
	0〜1	2〜3	4〜6
郊外部	150-200室/ha	150-200室/ha	200-350室/ha
3.8-4.6室/戸	35-55戸/ha	35-65戸/ha	45-90戸/ha
3.1-3.7室/戸	40-65戸/ha	40-50戸/ha	55-115戸/ha
2.7-3.0室/戸	50-75戸/ha	50-95戸/ha	70-130戸/ha
都市部	150-200室/ha	200-450室/ha	200-700室/ha
3.8-4.6室/戸	35-65戸/ha	45-120戸/ha	45-185戸/ha
3.1-3.7室/戸	40-50戸/ha	55-145戸/ha	55-225戸/ha
2.7-3.0室/戸	50-95戸/ha	70-170戸/ha	70-260戸/ha
都市中心部	150-300室/ha	300-650室/ha	650-1100室/ha
3.8-4.6室/戸	35-80戸/ha	65-170戸/ha	140-290戸/ha
3.1-3.7室/戸	40-100戸/ha	80-210戸/ha	175-355戸/ha
2.7-3.0室/戸	50-110戸/ha	100-240戸/ha	215-405戸/ha

出典：Greater London Authority (2011), *The London Plan*

道計画や高密度化が望ましい地区を指定するが、最後の実効性の担保は基礎自治体の意思にかかっており、制度の実効性にはなお疑問が残る。

イギリスのロンドンにおいてもSRQ（Sustainable Residential Quality；持続可能な居住水準）デンシティ・マトリックス（Density Matrix）と呼ばれる規制がある（表5-1）。ロンドンの広域行政機関であるGLA（Greater London Authority）が「ロンドン・プラン」を策定してコンパクトシティの実現に努力している。デンシティ・マトリックスとは、住宅開発に開発許可を与えるに際して、密度規制をかける基準となるものであり、その土地の立地（郊外なのか、都市部なのか、都市中心部なのか）を縦軸に、公共交通による利便性を横軸にとっている。

公共交通利便性はPTAL（Public Transportation Accessibility Level）と呼ばれる指標で測られているが、これはある地点からの地下鉄駅などへのアクセス距離とその駅の通勤ピーク時間のサービスレベルで計算され、レベル0から6に向かって便利になるように設定されている。例えば、都市中心部（Central）でPTAL 6レベルの場所に住宅を作ろうとすると、1ヘクタール当たり650室〜1100室の密度が求められ、公共交通の便利なところに高密度の開発がなされるように規制している。

もともと数字のうえで幅があるが、実際の開発許可に際してはこれだけが絶対の基準ではなく、諸事情を考慮してよいとされ、ガイドラインに近い位置づけとなっているが、鉄道駅周辺を優先して高密度化を図るという政策の方向性は維持

されている。

　こうした最低限度の土地利用の規制については、民間が積極的に最低限の土地利用をしようとしない場合には土地利用を強制することがきわめて難しく、こうした政策手法の効果に疑問がある。また、日本において行われている郊外での開発規制は、これ以上のスプロールを防止することはできても、それだけで中心部への人口の集約を実現することは難しいといえる。

(2) 郊外部の人口や諸機能を中心部に誘導する施策

　②に関しては、日本の都市は、中心部として市街地の集約を図るべき地域と、空洞化が進行し、中心部への集約を求めるべき地域が並存していることが多く、空洞化しつつある地域からの撤退と中心部への居住と都市機能の誘導を同時に図るという困難な状況に直面しているといえる。

　都市の市街地の中心が変わっていくこともある。とくに、地方都市を通る国道沿いにショッピングセンターが立地して、市街地が広がりその地域がむしろ都市の中心部になっていく一方で、従来の市街地の中心であった駅前の商店街が衰退していくケースが考えられる。

　図5-2の松山市にもあるとおり、日本の都市の中心部は空き店舗、空き家が増大していく傾向にある。この松江市の中心市街地（約403ヘクタール）の場合、駐車場の面積は、1988年の17.9ヘクタールから、2005年には27.6ヘクタールと約1.5倍に、空き家、空き店舗の面積は1988年の1.8ヘクタールから2005年には4.1ヘクタールと約2.3倍に増加している。

　松江市のような事例は地方都市においては多く見られる現象であり、その背景としては、こうした中心市街地は、その立地上の特性から、高度経済成長期に上昇した地価や家賃がその後は取引がなされず、高い水準のままとどまっているうえ、現在の居住者が所有権を手放すことを躊躇しているなかで、新たな居住者や事業者がテナントや所有者として都市の中心部に転入することは難しい状況にあることが考えられる。その後、空き家・空き店舗の所有者が死亡した場合、相続等により、さらにその敷地が細分化され、地域の居住環境が悪化することになり、新たな居住者の転入はますます困難になる。

　これに対して、郊外部や衰退する地域からの移動に対する補助金を出すという考え方もありうるが、特定の地域の住民に対して移動するというだけで恩恵的な補助金を出すことは正当化しがたい。一方、移動を促すために、公的助成とは反対に、郊外部に対して経済的負担を増大させるという選択肢もありうる。例えば、

図 5-2 松江市中心市街地（南殿町・母衣エリア）における低未利用地の変化

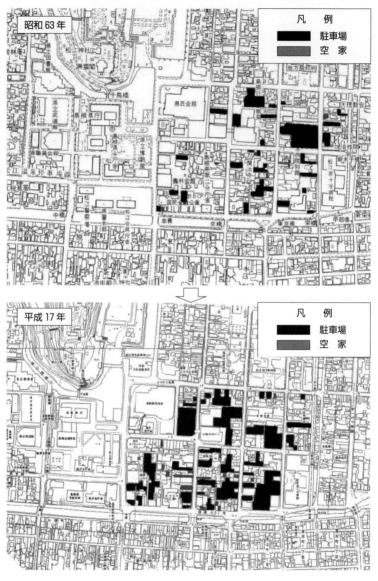

出典：松江市（2013）「2期 松江市中心市街地活性化基本計画」

不動産に対する保有税の強化や水道料金などのインフラの使用料を引き上げることが考えられる。ただし、都市の住民の構成員に平等な負担とサービス提供を行

図 5-3　ポートランド市内の徒歩20分以内にアクセス可能な施設の状況

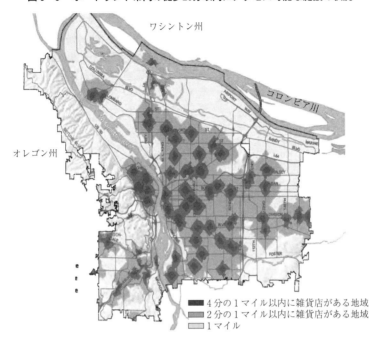

出典：The City of Portland（2012）*The Portland Plan*

うことを建前とする地方自治体にとって、政策的に特定の地域の住民に過重な負担を求めることは困難であろう。とくに、当該地域が一度市街地化として容認され、住宅地が形成されている場合、その地域に住みついた住民を今になって中心部に移転すべき存在として位置づけるにあたっては、住民全体のコンセンサスを得る必要がある。

　郊外部の住宅地をそのまま残存させたままにしておくことが、インフラの維持更新費用などの増加により、将来の負担が大きくなることを住民に十分説明して、市街地中心部への移転を説得する方策も考えられる。

　都市のコンパクト住民に複数の選択肢を提示しているという点では、図5-3に示すアメリカのポートランド市の取り組みが有名である。

　ポートランド市では、例えば20分で歩いてアクセスできる範囲に病院、学校、買い物施設があるかといった、都市計画立案過程で使うデータについてGIS（地理情報システム）を活用しながら可視化し、市民と共有している。そして、それらをもとに住民投票で都市の範囲を決め、その外側では厳しい開発規制を実施し

ているのである。

　また、公的住宅等の公共施設の移転と併せて、住民の移転を促していく方策も考えられ、ドイツのシュテンダール市の取り組みはこの方式の先駆的な実例である。この市では都市外延部（南地区）の公的住宅供給機関の集合住宅を除却し、中心市街地の人口の維持増加を図っている。除却の際は、市が分譲住宅を買収し除却を実施し、賃貸住宅は、所有者である公的住宅供給機関が市からの補助を受けて除却を実施しているが、強制力を行使せず、まずは先行例を作り、オープンスペースが確保されること等により住環境が向上することを住民に理解してもらいながら取り組みを進めている。

　日本でも、北海道夕張市においては、公営住宅の建て替えによる集約・再編を進めながらコンパクトシティの形成を進めている。夕張市は、従来は炭鉱の町として栄えてきたが、鉱山の閉山、高齢化の進展、財政再建団体への転落などで、厳しい経済財政運営を余儀なくされている。こうしたなかで、夕張市は、全国でも数の多い公営住宅で居住者の高齢化と空室の増加が進行し、また道路に沿って細長く市街地が広がっており、そのために行政経費が増大し、地域の活性化の足かせになることが懸念されてきた。そうしたなかで、夕張市は、図5-4に示す都市のマスタープランのなかで、①公営住宅の統合・再編などを通じたそれぞれの市街地の集約化と②複数の市街地についての住民移転を含めた集約・統合化の２段階の過程によるコンパクトシティの形成を目指している。この取り組みは、ドイツのシュテンダール市の取り組み——高齢化が進み、老朽化した公的住宅の集約を梃子にして市街地のコンパクト化を目指す——と共通点を有し、老朽化した公営住宅を多く抱える他の自治体にも参考となる。

　また宮城県女川町では、東日本大震災からの復興に向けて、住民との意見交換を何次にもわたって繰り返し、避難先や仮設住宅から帰還可能な住民の減少を想定しながらコンパクトな復興まちづくりを推進している。住民との対話の中で当初計画を変更して中心部に拠点施設を集中配置することで動線集約を図る計画とし、周辺部の住宅団地も帰還希望に応じて柔軟に規模を縮小するという方法を取り入れている（図5-5）。

　こうしたコンパクトシティの形成に向けた公的施設の移転集約等の取り組みにより、空洞化や衰退しつつある地域の住民に著しい経済的損失が生ずる場合、一定の経済的補塡を行う選択肢も存在する。

　すでにいくつかの自治体でも中心部に居住する方に対する助成方策が実施されており、また、国土交通省においても、中心部に商業機能等を立地させる場合に

図5-4 夕張市の都市構造の再構築

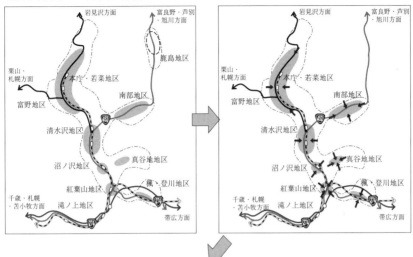

出典：夕張市（2012）「夕張市まちづくりマスタープラン」

建設費等を助成する制度が存在する。

　コンパクトシティ形成を積極的に推進している富山市では、以下の3つの施策を総合的に推進している。

①公共交通の活性化

図5-5　宮城県女川町のコンパクトな復興計画

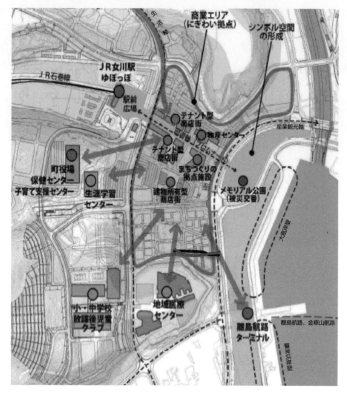

出典：女川町 HP

② 公共交通沿線地区への居住促進
③ 中心市街地の活性化

　こうした施策を推進を図る観点から、富山市は都心地区、公共交通沿線推進補助対象地区内（図5-6）の居住を推進するため、住宅の建設費補助、公的住宅への入居の支援や住宅取得に対する支援を行っている。こうした取り組みの結果、富山市では地価の下落の抑制に一定の効果があったとされている。

(3) 都市中心部の土地利用の再編

　都市中心部の土地利用の再編とは、郊外部から中心部への直接の移転を進めるやり方ではなく、都市の中心部の再開発を通じてその地域での居住を進める方策である。ただし、都市の中心部はすでに相当に高い地価水準であり、開発利益を

第 5 章　コンパクトシティ形成を実現する政策と評価　91

図 5-6　富山市の政策地域（都心地区と公共交通沿線推進補助対象地区）

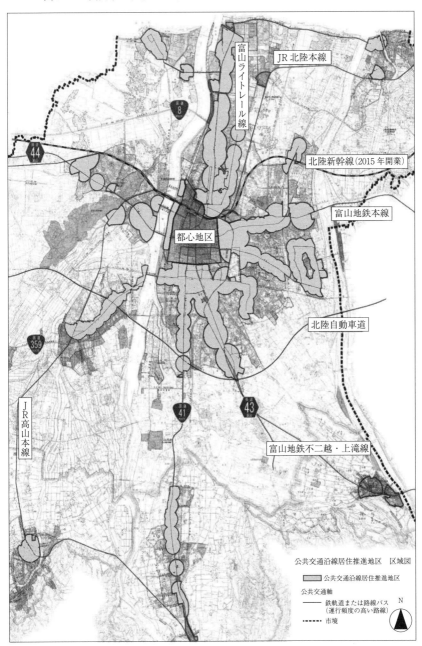

出典：富山市 HP

図5-7　ポートランド市のパール・ディストリクトの開発計画

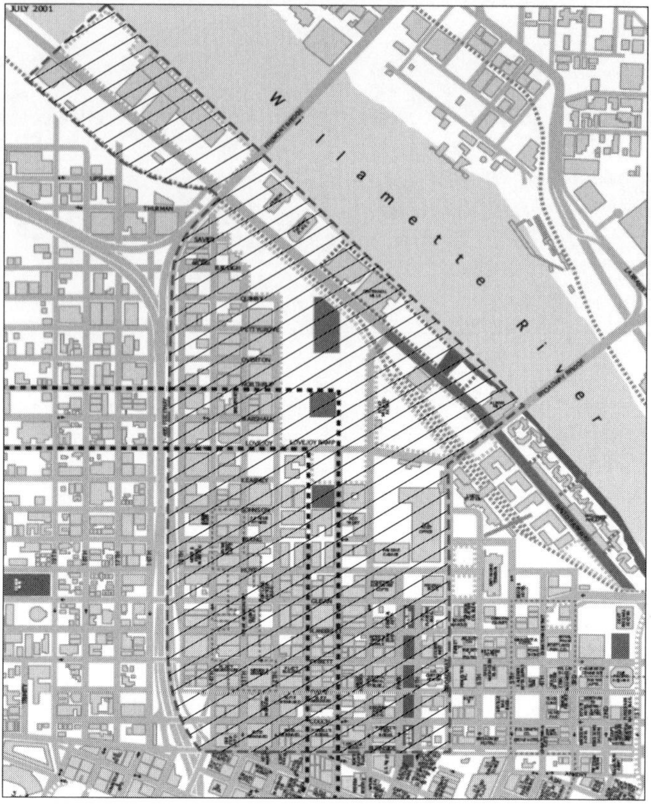

出典：The City of Portland（2001）*Pearl District Development Plan*

吸収するタイプの再開発は困難であり、例えば、空き家や空き店舗、空きオフィスをリノベーションして再活用することなどが方策として考えられる。海外では、従来居住地と業務・商業地との用途を厳格に分離する都市計画への批判から一定程度住居と業務機能との混在を認める都市計画への転換を認める方向性が示されているほか、民間事業者との連携により、必要な機能を都市中心部に集約する取り組みを行っている事例も見られる。

　前項(2)で示したポートランド市においても、郊外部の開発規制を行うとともに、都市の中心部では官民契約を通じて、都市中心部での最低必要な住機能の確保を実現している。

　ポートランド市の中心部には、図5-7に示すように、パール・ディストリクトというバーリントン・ノーザン鉄道と舟運による物流拠点があった。工場と操

図5-8 4つのプロジェクトの模式図

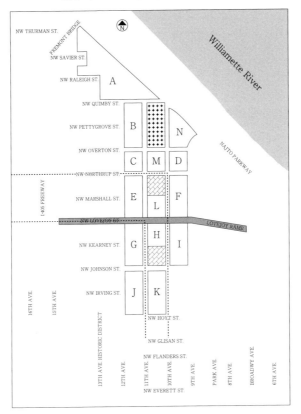

出典：Portland Development Commission（1999）*Amended and Restarted Agreement for Development between the City of Portland and Hoyt Street Properties, LL.C.,March 12*

車場と倉庫群があり、時代の変化により低密度の土地利用となっていた。この地域が、ダウンタウンから近接した距離にあるため、この土地の開発と1993年に不動産会社 Hoyt Street Properties, L.L.C.が、鉄道会社から34エーカー（＝14ヘクタール）の土地を買収し、この土地の開発について、ポートランド市と協約を結んでいる。この協約のなかで、会社と市は「4つのプロジェクト」について相互に約束している。

まず、市側は以下の事業を実施する。

① Lovejoy Street にある古い高速道路のランプを撤去し、新しいランプを建設（図5-8の真ん中のストリート）

②路面電車プロジェクトを実施（図5-8の点線部分）
③公園スクエア・プロジェクトを実施（図5-8のL、Hの煉瓦模様の箇所）
④近隣公園プロジェクトを実施（図5-8の市松模様の箇所）

　これらのプロジェクトのそれぞれが約束通り着手され、実現したら段階的に高密度の住宅開発をやると会社は約束している。

　官民契約にのっとって、路面電車の整備も住宅の高密度化も順調に進んでおり、この時期のポートランド市の平均の地価上昇率は4％であるのに対して、パール・ディストリクトは250％上昇したとされている。

(4) 公共交通の活用や歩行者の利便を高める施策

　都市の中心部を中心に公共交通の整備や居住者の歩行による移動を円滑に行えるようにするための措置を講ずることで、都市中心部での居住者の利便性を高め

図5-9　富山市におけるコンパクトシティの都市像

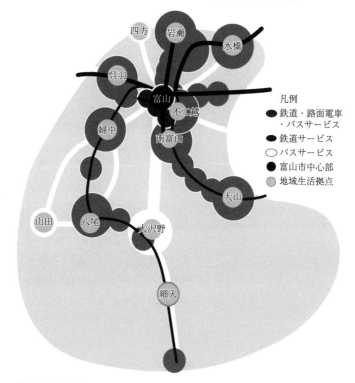

出典：富山市HP

ることにより、中心部への人口や諸機能の集約を促すとともに、環境負荷、具体的には温室効果ガスの発生の抑制を目指していくことが考えられる。

　コンパクトシティの形成に向けて、先ほど居住機能の中心部への誘導で事例として取り上げた富山市では、その都市構造に関して、「お団子と串」の都市構造と位置づけている。ここで、「串」とは一定以上のサービスレベルの公共交通、「お団子」とは「串」で結ばれた徒歩圏を示し、LRT（Light Rail Transit）などによる公共交通を充実させるとともに、公共交通で結ばれた徒歩圏の中に住民の居住を誘導することの取り組みをGIS情報も活用しつつ、推進している。これによって、居住者、とくに高齢者の都市の中の移動の利便性を改善する工夫を行っている（図5-9）。

(5) 公共施設の集約と統合

　周辺部の諸機能や人口の集約と併せて自治体が管理する公共施設の都市中心部への集約や複数の施設の統合を図り、維持改修コストの抑制を図るとともに、公共施設のライフサイクル全般にわたって住民に最適のサービスを確保するエリアマネジメントもまたコンパクトシティに寄与すると考えられる。この施策の詳細は次章で詳述する。

2．コンパクトシティに向けた施策の評価

　以上のように、コンパクトシティに向けた取り組みは多様であるが、各施策に要するコストもメリットも多様であり、施策の緊急性もそれぞれの施策によって異なる。こうした施策の評価が明確でなければ、ややもすれば、「駅周辺の商店街の売り上げが下がっているのでなんとか活性化させたい」という地域的な動機のもとに、駅前再開発、インフラ整備等に偏った取り組みになりがちである。そうしたことにならないように、以下の観点を明らかにしたうえで、それがどの程度実現しているのかを、定量的、総合的に評価していくことが求められる。

(i) なぜコンパクトシティがその街に求められるのか、その目的と目標とする水準を明らかにする
(ii) そのためにどのような地域にどの程度の人口や諸機能の集積が求められるのか
(iii) これから講じようとする施策が本当に人口や諸機能の集積をもたらすのかどうか、どの程度当初の目的や目標水準の達成に貢献しうるのか

(iv) 講じようとする施策のコストがメリットに見合うものであるかどうか

(1) 定量的な評価

　これらの施策の効果を評価することも、それぞれの都市の属性をもとに実証分析を行うことで定量的な評価を行うことが可能である。ここでは、公共交通の利用と土地利用規制の観点から評価を試みる。

図5-12　標準距離と自動車利用率との関係

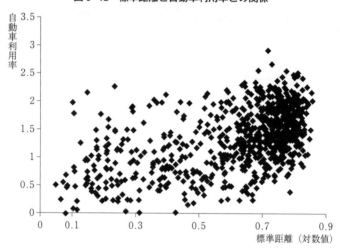

図5-13　標準距離と用途地域面積との関係

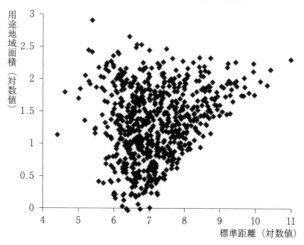

第5章 コンパクトシティ形成を実現する政策と評価　97

表5-2　都市別の自動車の利用率、用途地域面積（2010年）

	標本数	平均	標準偏差	最小値	最大値
自家用車利用率	782	0.611	0.201	0.049	0.854
用途地域面積	749	2224.73	3747.85	82.1	58193.4

表5-3　標準距離と自動車利用率、用途地域面積との相関係数

	標準距離	自動車利用率	用途地域面積
標準距離	1		
自動車利用率	0.519	1	
用途地域面積	0.211	-0.302	1

表5-4　自動車の利用率や用途地域面積が標準距離に与える影響

	係数	標準誤差
自動車利用率	1.748***	(0.080)
用途地域面積	0.241***	(0.018)
定数	-1.471***	(0.149)

注) ＊＊＊、＊＊、＊はそれぞれ1％、5％、10％有意を示す

　公共交通の利用に関しては、国勢調査のなか（とくに10年ごとの調査項目（直近では2010年））で、それぞれの都市における住民の利用交通手段別の利用者数を把握している。鉄道やバスなどの公共交通の利用者が増加すれば、反対に自家用車の利用が控えられ、公共交通の利用が可能な地域に居住が集中して、都市のコンパクト化が進む可能性がある。

　また、市街化区域や用途地域を設定して住宅や建築物など都市的な土地利用が可能な土地利用の面積を抑制している都市では、住民がその地域に居住せざるを得ず、その分だけ都市のコンパクト化が進むことになる。

　それぞれの都市の中で自動車の利用率の低さや用途地域が定められた地域の面積と都市のコンパクト化を示す標準距離との関係については、図5-12や図5-13の散布図を見る限り正の関係があるように見えるが、そうした関係を検証するため、クロスセクションによる回帰分析を実施することとした。

　都市別の自動車の利用率、用途地域面積の数値は表5-2、標準距離と自動車利用率、用途地域面積との相関係数は表5-3、分析結果は表5-4のとおりである。自動車交通の利用度が低い都市や用途地域が指定された地域が狭い地域では、第2章で述べた標準距離が短く、都市のコンパクト化が進行していることがわかり、公共交通の振興や都市の郊外部の建築規制により、コンパクトシティの形成

表5-5 政策実施のマトリックスのイメージ

政策のリスト	中心部への人口集中の効果	政策実施によるメリット評価額	政策実施に要するコスト	政策実施の緊急性その他
A施策				
B施策				
……				

に有意な影響が生ずることがわかる。

(2) 総合的な評価

　コンパクトシティの形成を促進する施策は多様であり、都市の属性によりどのような施策の組み合わせが最適になるかは異なる。

　こうした場合、それぞれの自治体において考えられる施策を縦割りで実施するのではなく、施策をリスト化し、①それぞれの施策の実現可能性、すなわちどの程度の人口や世帯が都市の中心部に流入するかの効果の計測、②それによって受けるメリットとしての財政支出削減額、都市の中の環境改善効果や資産価額の増加分など政策実施によるメリットの金銭評価額と③政策実施に要するコスト、④政策実施の緊急性（その年度に実施しないとコストが増加する、あるいは効果が大幅に低減するなどの特段の事情）を明らかにした表5-5に掲げるようなマトリックスを明示することが効果的である。このマトリックスができれば、コンパクトシティの政策の優先順位を明らかにし、効果的な政策に重点的に資源を重点配分することが可能となる。

第 6 章
都市のストックマネジメントとコンパクトシティの形成

　公共施設のライフサイクルには規則性がある。日本の場合は、高度経済成長期に整備された公共施設の多くが老朽化し、そのための維持、補修、更新のための費用が巨額なものになることが懸念されている。
　これと並行する課題として、郊外部に広がった市街地に対する行政サービスを提供する公共施設を都市の中心部に集約・再編することが、行政コストの縮減と住民サービスの適正化・効率化に資するものと考えられる。
　本章では都市の重要な構成要素である公共施設をコンパクトシティの形成と併せて集約・再編し、確実に維持更新するための都市のストックマネジメントのあり方について分析を行う。

1．コンパクトシティの形成とストックマネジメント

　コンパクトシティを進める場合、単に人口の集中だけを求めるのではなく、人口や諸機能が集約される過程で、都市の中での暮らしや活動を低いコストで快適な環境で行うことが可能となるように社会資本の配置や維持更新が図られている必要がある。

　こうした社会資本をフローとしてではなくストックとして将来にわたって持続可能な状態で適切に管理運営していく方向が世界的な流れとなっており、以下で紹介する「包括的豊かさの指標」もまさにこうした問題意識に沿うものである。

　この「包括的豊かさの指標（IWI；Inclusive Wealth Index）」は、2012年6月17日、国連持続可能な開発会議（リオ＋20サミット）と国連大学・地球環境変化の人間・社会的側面に関する国際研究計画が発表した報告書のなかで示されている。

　この包括的豊かさの指標は、以下のものから構成される。
・人的資本：教育達成度（初等、中等、高等）ごとの人口に教育達成度に関わる価値（賃金を元に算出）を掛けて評価
・人工資本：投資額の残高を評価（減価償却を反映し、社会資本を含む）
・自然資本：農地、森林地、漁業資源、化石燃料、鉱業資源について作物や資源等の価格にレントを掛けて評価
・健康資本：世代人口ごとの残りの生存年数に生存年数に関わる価値を掛けて評価

　こうした指標について、以下の20カ国の数値を示している。20カ国は先進国、中進国、発展途上国から選ばれ、世界全体の人口の56％、GDPの70％を占める。国名をあげると、ケニア、インド、ナイジェリア、中国、エクアドル、コロンビア、南アフリカ、ブラジル、チリ、ロシア、ベネズエラ、サウジアラビア、フランス、イギリス、ドイツ、オーストリア、ノルウェー、カナダ、アメリカ、日本の20カ国である。

　この指標の計測結果によれば、人的資本、人工資本、自然資本を合計したIWIの総計に関して日本が第2位、1人当たりの総計で第1位になっていることを記述しており、日本国内でも日本の豊かさが高く評価されていることを取り上げる風潮があるが、報告書の意図はそうした点にあるのではない。報告書は、フローの指標であるGDPでは測れない各国の持続可能性への取り組みを評価する観点

から1990〜2008年のIWIの変化を示している。これを見ると、日本のGDPの伸び率は1％で全体の18位であるのに対し、IWIの伸び率は7位である。

また報告書は、大部分の国で自然資本が減少している点に警鐘を鳴らし、またフローの指標にすぎないGDPから国民の将来までにわたる満足度を反映しうるIWIを基礎にした経済政策の転換を訴えている。

IWIは、指標の作り方になお工夫を要する点があるにしても、フローからストックへの転換や持続可能性の観点から豊かさを評価しようとしている点は高く評価できる。

都市においても、これまで蓄積されてきた社会資本や民間資産が過剰資産や遊休状態になったり、老朽化したりすることなく、適切な運営管理を経て、維持補修を積み重ねながら、それぞれの資産にふさわしいサービスを提供し続けることで、経済、福祉や環境などといったさまざまな分野が発展を続けていくことが望ましい。

本章はこうした観点から、都市の基本的な骨格を形成する公的資産のマネジメントや都市そのものが経済、福祉や環境などの多くの要請に応えながら持続的に発展していくための都市の管理運用＝ストックマネジメントの必要性について議論を進めていく。

2．日本の公共施設の維持更新

日本の公共施設整備の歴史は、欧米に比べて短く、戦後の高度経済成長期に急速に整備が進められていた経緯がある。このため、公共施設のストックはこの時期に急速に進行した。この時点の投資で積みあがった公共施設のストックが2010年代の今日老朽化が大きな課題となりつつある。2012年に笹子トンネル天井版落下事故はこうした老朽化インフラがもたらす危険性と今後いかにこうしたインフラを確実に維持更新して地域住民に安全な行政サービスを長期間にわたって提供し続けていくことが必要である。

そのためには、①都市の中での市街地の広がりがどの程度のものであるべきかという点と②それに相応した公共施設がどの程度の分量でどのような場所に配置されなければならないかという明確な戦略の策定と実施が必要になる。①はコンパクトシティに関わる論点であり、②はまさにストックマネジメントによる部分である。

ストックマネジメントについての定義はさまざまに与えられているが、本書では、「都市や地域の経済財政、あるいは都市環境上の最適な運営を実現するため、公共施設その他の都市の活動を支える施設の配置、土地利用規制や経済活性化、環境、福祉等の都市の諸課題への対処に関わる都市の整備や管理運営を行うこと」と位置づける。

3．ストックマネジメントの現状と将来の懸念

　ストックマネジメントを行ううえで第一に行うべきことは、それぞれの都市や地域の公共施設や土地利用の実態を正確に把握することである。とくに、公共施設が整備された年次、配置された場所、資産価値、維持保全の状況や補修が行われた時期や補修の程度をデータベース化することが必要である。ところが、日本の場合、そうしたデータベースに関してはそれぞれの公共施設を所管する省庁はもとより、それぞれの自治体においても、情報の整備はきわめて遅れている状況にある。

　内閣府は、公共施設所管省庁や地方公共団体の事業実績をもとに5年ごとに社会資本のストック量を推計している。推計結果は、事業額から推定される資産価値から、税法で定められた耐用年数等のデータをもとに減失、除却したものを差し引いた額を粗資本ストック額として算出し、同じく耐用年数等のデータをもとに一定のルールで資産価値が減少するものとして純資本ストック量が推計されている。前者は、現に存在する資本ストックの投資量を推認することに役立ち、後者は、老朽化を踏まえた資本ストックの現在価値の実情の理解に役立つ。

　内閣府の社会資本ストックでは、純資本ストックを以下の方式で試算を行っている。
・試算①：定額法＝固定資産の耐用年数期間中、毎期均等額の減価額を計上する。
・試算②：定率法＝固定資産の耐用年数期間中、毎期期首未償却残高に一定率を乗じた減価額を計上する。
・試算③：OECD（2009）による *Measuring Capital-OECD Manual Second Edition* に準じて、社会資本の効率性の低下パターン（物理的減耗、陳腐化等）を設定し、それにより想定される将来の社会資本より得られる資本サービスの価値を、割引率を用いて現在価値化する手法。効率性の低下パターンの設定には、1次関数で推計する手法（試算③1）と、上に凸の双曲線関数で推計する手法

図6-1 社会資本ストックの推移

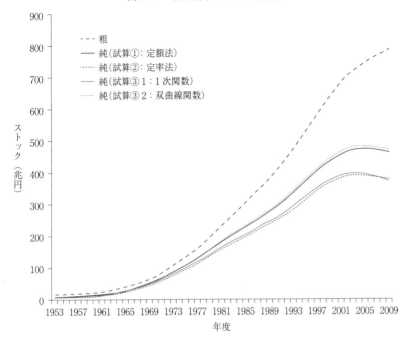

(注）凡例の「粗」は粗資本ストックを示し、「純」は純資本ストックを示す
出典：内閣府（2012）「日本の社会資本2009」

(試算③2)の2つの方法を用いた。

試算結果によれば、2009年の粗資本ストックは786兆円、純資本ストックでは定額法で463兆円、定率法で377兆円、OECDの算出法では1次関数の方式で376兆円、双曲線関数の方式で471兆円となる（図6-1）。

系年別の推移でみると、社会資本ストックは2009年度から減少傾向となる。これは、70年代、80年代に急速に整備された社会資本が長期間供用された結果、老朽化が進行する一方、2000年代は新規に公共投資が減少傾向になってきている。社会資本の構成比を見ると、道路の32.3％が最大で、下水道、文教施設、農林水産業と続いている（図6-2）。

また、国土交通省は国土交通省所管部分の社会資本ストックの状況について分析を行い、将来の維持・更新に要するコストを算出している。これによれば、国土交通省所管10分野（道路、治水、下水道、港湾、公営住宅、公園、海岸、空港、空路標識、官庁施設）の国・地方を併せた維持管理・更新費は、2013年度約3.6

104　第Ⅰ部　コンパクトシティの役割と効果

図6-2　粗資本ストックの構成比

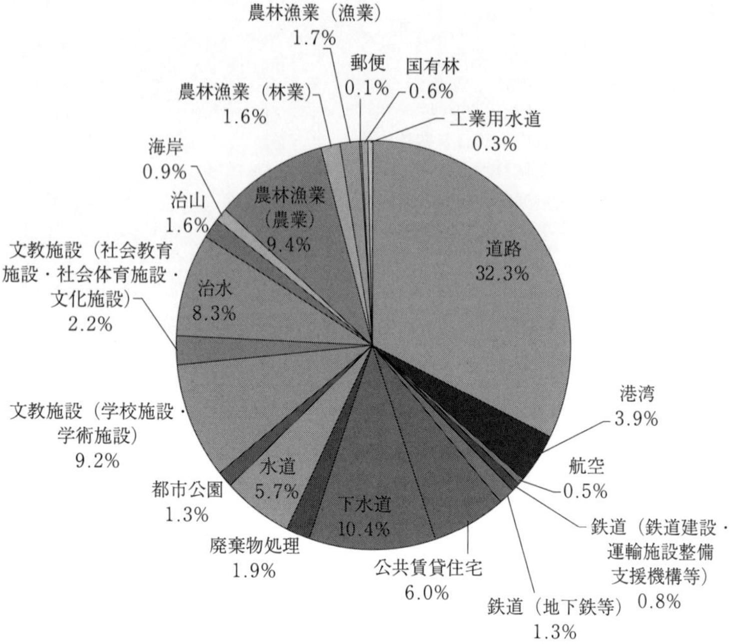

- 農林漁業（漁業）1.7%
- 郵便 0.1%
- 国有林 0.6%
- 農林漁業（林業）1.6%
- 工業用水道 0.3%
- 海岸 0.9%
- 治山 1.6%
- 農林漁業（農業）9.4%
- 文教施設（社会教育施設・社会体育施設・文化施設）2.2%
- 治水 8.3%
- 道路 32.3%
- 文教施設（学校施設・学術施設）9.2%
- 都市公園 1.3%
- 水道 5.7%
- 廃棄物処理 1.9%
- 下水道 10.4%
- 公共賃貸住宅 6.0%
- 港湾 3.9%
- 航空 0.5%
- 鉄道（鉄道建設・運輸施設整備支援機構等）0.8%
- 鉄道（地下鉄等）1.3%

出典：内閣府「日本の社会資本2009」

兆円、2023年度約4.3～5.1兆円、33年度は約4.6～5.5兆円で推移するとしている。国土交通省所管の事業費は国、地方を併せれば12年度の約15兆円であることに鑑みれば維持管理・更新費が全体の半分以上を占めることになり、今後それぞれの自治体にかなり大きな負担となることが推察される。

しかし、これらの試算は過去の予算規模を踏まえた推計にすぎず、具体的な資産の位置や規模を踏まえたものではない。したがって、それぞれの自治体が、それぞれの資産をどのように管理運用するかの参考にはならない。また、各省庁がそれぞれの所管の施設についてその実情を把握していても、それぞれの都市での統合的な資産管理はできない。

このため、第1に必要とされることは、それぞれの自治体に存在する公共施設の賦存量とその完成後の経過年数や維持管理状況を包括的に把握したうえで、公共施設のライフサイクルを通じて限られた費用で最適な行政サービスを提供するための計画的な取り組みである。

そこで政府は、2013年12月に「インフラ老朽化対策の推進に関する関係省庁連

絡会議」において「インフラ長寿命化基本計画」を申し合わせ、必要性が認められるすべてのインフラでメンテナンスサイクルを構築・継続・発展させるための取り組み方針をインフラ長寿命化計画として定め、さらに個別施設ごとの長寿命化計画を策定することとした。このなかでは、地方公共団体も、必要な体制整備やインフラの実情把握に努めることとされているが、先の長寿命化計画のなかで示されたロードマップのなかではそうした体制整備には2020年以降までかかるとされている。

第2に必要とされることは、多くの社会資本が立地し、老朽化が進行するなかで、どの資産を優先して維持更新するか、あるいはどの優先度の低い資産を統廃合するかという判断において、それぞれの都市を管轄する地方公共団体がイニシアティブを持って、優先順位を付けた運営を行っていくことである。そのためには、それぞれの地方公共団体がそれぞれの資産についての長期的な維持更新や統廃合を含めた都市・地域のマネジメント戦略を確立することが求められる。

4．諸外国でのストックマネジメントの動き

インフラの老朽化に対して対策を必要としているのは、日本だけではない。むしろ日本より一足早く社会資本整備を進めてきた欧米諸国は現在大きな悩みを抱

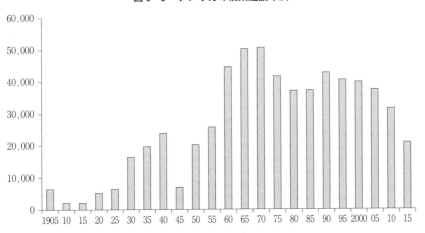

図6-3　アメリカの橋梁建設年次

出典：Federal Highway Adminstration, "Bridges by Year Built"

表6-1　アメリカにおける橋梁の崩落事故

年	橋梁の事故
1940	ワシントン州のタコマナローズ橋が崩落
1967	ウェストバージニア州とオハイオ州を結ぶシルバー橋が崩落し、46名死亡
1978	ニューヨーク市のクィーンズボロー橋に構造的な欠陥が発見され使用停止に
1981	ニューヨーク市のブルックリン橋のケーブルが破断し、1人死亡
1981	ニューヨーク市のウェストサイドハイウェーで、高架橋の一部が崩落。廃線が決定
1983	コネチカット州のマイアナス橋が崩落し、3人死亡
2005	ペンシルバニア州でPC桁橋が崩落
2007	ミネソタ州ミネアポリス市州間高速道路35W号線の橋が崩落。死者・行方不明者13名、重軽傷者80名

出典：(一社)国際建設技術協会資料

えている。

　アメリカの社会資本整備は1929年の世界恐慌後のルーズヴェルト大統領によるニューディール政策により公共投資が積極的に行われた。しかし、景気が回復した高度経済成長期に、必要な補修等が行われず、老朽化し、1980年代を迎えることとなった（図6-3）。

　この結果、1960年代後半より、必要な補修が行われなかった橋の崩落事故が相次いだ（表6-1）。こうした状況は、1980年代初めに「荒廃するアメリカ」として取り上げられた。80年代のレーガン政権、ブッシュ（父）政権はガソリン税を引き上げて、老朽化対策の財源を確保したが、その後も老朽化による事故は続いた。

　こうした事態を受けて、オバマ大統領は、2013年2月、オバマ大統領は一般教書演説にて「Fix-It-First（まず補修せよ）」プログラムを提案し、以下のような連邦予算による政策を提案している。このなかで、国の中にある7000近くある構造的に欠陥のある、もっとも緊急性の高い補修に対処できるように、また納税者に丸ごと負担を負わせないために"Partnership to Rebuild America"（アメリカ再建パートナーシップ）と呼ばれる基金の創設を提案している（表6-2）。この基金で、物流を支える港湾、パイプライン、学校の改善のために民間資金を集めることを想定している。

　社会資本の老朽化に関しては、アメリカの連邦政府ばかりでなく、州政府についてもヴァージニア州などが詳細なレポートを開示している。また、土木学会ではそれぞれの社会資本ごとの評価を行っている。

表6-2 Fix-It-Firstプログラムとアメリカ再建パートナーシップ

Fix-It-Firstプログラム		500億ドル	アメリカ国内インフラへの緊急投資およびそれに伴う雇用創出施策。左記500億ドルのうち400億ドルを道路、橋梁、公共交通及び空港の緊急補修に充てる
Partnership to Rebuild America(アメリカ再建パートナーシップ)	National Infrastructure Bank(国家インフラ銀行)の設立	100億ドル	1億ドル以上の規模の条件を満たすインフラ整備に対し、財務省証券と同等の低金利で最長35年融資
	公的年金基金向けの債券発行(アメリカ急成長債券)	—	州や地方政府発行のアメリカ急成長債券に対して連邦政府が利子補給する債券を発行する。公的年金基金等による資金供給を想定しており、連邦政府にとっては、免税債と同等程度の負担ですむ
	TIFIA(交通インフラの資金調達および革新にかかる法律)/TIGER(インフラ補助金制度)に基づく融資枠の拡充	40億ドル	インフラ整備に対する融資制度について、新たに40億ドルを準備し、インフラ整備に対する柔軟性をより高める

出典:(一社)建設経済研究所資料

アメリカだけではなく、イギリスやアウトバーンを整備してきたドイツなど欧州においても深刻な問題を抱えており、社会資本の劣化の状況など深刻な現状は認識されているものの、具体的な維持補修についての費用負担について明確な方針が示されることは少ない。

5．望ましい都市のストックマネジメントの姿

ストックマネジメントに向けた取り組みはいくつかの地方自治体でも見られるところである。

神奈川県秦野市では、経済成長期に集中的に整備された公共施設の維持更新費用が急速に増大することが懸念された。秦野市では、行政が公的資産の配置や賦存量の現状と将来の見込みについて、その実態を市民の前に明らかにし、このままでは、維持更新に関する財政負担が増大して財政破綻を招きかねないことを説得し、公共施設の2050年までの基本方針を策定した。

そのなかで、①新規のハコモノ整備を行わないこと、②機能更新を行うことは義務教育等、行政の運営上不可欠なものに絞ること、③公共施設の総量の削減、④ハコと機能の分離、公民連携の推進、複合化とスケルトン方式の整備を位置づけた。

図6-4　神奈川県秦野市での社会福祉施設の統合・再編の取り組み

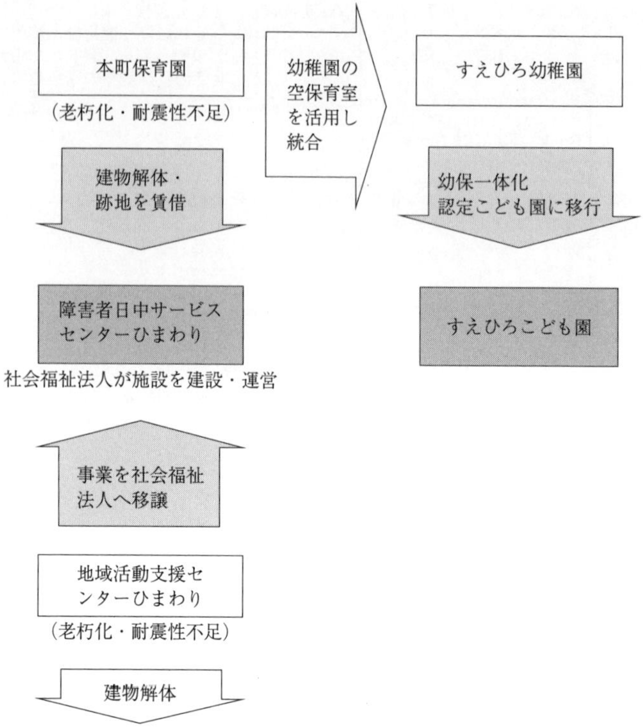

```
本町保育園              幼稚園の         すえひろ幼稚園
(老朽化・耐震性不足)    空保育室
                        を活用し
  ↓                     統合             ↓
建物解体・                                幼保一体化
跡地を賃借                                認定こども園に移行
  ↓                                      ↓
障害者日中サービス                        すえひろこども園
センターひまわり
社会福祉法人が施設を建設・運営

  ↑
事業を社会福祉
法人へ移譲
  ↑
地域活動支援セ
ンターひまわり
(老朽化・耐震性不足)
  ↓
建物解体
```

出典：秦野市 HP

　さらに、公共施設の総量等を削減するといった目標を実現するため、10年ごとの基本計画を立てて実行することとしている。そのなかでは、例えば図6-4に見られるように老朽化した保育園等を統合・一体化するとともに、その跡地を活用し、障害者地域活動支援センターの施設に移行させる等の取り組みを行っている。

　また千葉県習志野市では、図6-5に見られるように市の周辺に立地した8カ所の公共施設を中央公園に集約し、複合施設として建て替えるなどの取り組みを行っている。

　こうした地方公共団体の取り組みに共通しているのは、地方公共団体による実情と問題点の正確な把握とそれにもとづく明確な目標設定、それを実現するための手法の確立である。

　これらの取り組みを実りのあるものにしていくためには、コンパクトシティ等

第6章　都市のストックマネジメントとコンパクトシティの形成　109

図6-5　日本におけるストックマネジメントの例

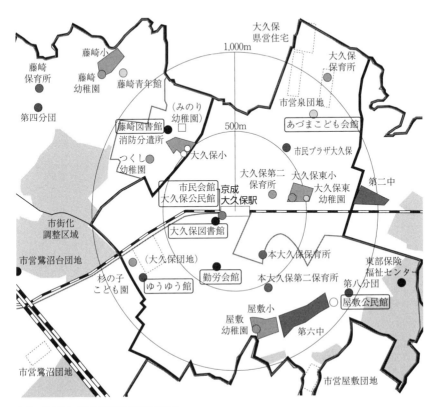

出典：習志野市「公共投資再生計画」（2014）

の明確な都市づくりのビジョンが求められる。

第Ⅱ部
次世代の都市居住のあり方

第7章
都市居住の効用を反映する資産評価

　都市は、経済活動、住民の社会活動や居住など多様な役割を担う場である。第Ⅰ部で述べたコンパクトシティが形成されたとしても、その内部の都市の中でこうした機能が十全に発揮されるかどうかが都市における住民の効用を高める鍵となる。都市居住に伴う諸々の効用を測るにあたって資産価値の正確な測定は必要不可欠である。

　本章では、都市における住民の活動や居住の効用を測る一つの尺度である資産価値の推計手法について論じ、併せて居住の立地や環境がもたらす効用を明らかにし、資産価値に与える影響を分析する。

1. 都市居住の効用を示す資産価値を推計する意義

コンパクトシティの形成を進行させていきながら、都市の中の活動や都市居住において十分な機能が発揮され、住民の効用を高めるまちづくりが求められる。その効用の尺度を示す手法として資産価値から評価する手法が考えられる。

例えば、その地域がオフィスなどの業務機能を担う建物群に近接していれば、通勤の利便性の高さから住宅・宅地の価格や家賃は高いものとなる。また、木造住宅などが密集していない防災性能に優れた地域や窃盗犯罪が少ない地域の住宅も高い資産価値を有することが多いことが山鹿・中川・齊藤（2002）や沓澤・水谷・山鹿・大竹（2007）の実証研究でも示されている。

このように、資産価値には、その地域に居住しようと需要する住民による市場を通じた評価が反映されているといえる。

こうした資産価値やその資産価値を形成する要因について市場の実勢を反映した推計を行うことは、都市を形造る住宅や土地などの不動産のどのような機能が住民に効用をもたらし、いかなる機能を向上させれば、より都市の住民にとって大きな満足をもたらすかを明らかにすることになり、今後の政策にも示唆を与えるものである。

2. 資産評価の現状と課題

日本の資産評価を経済活動の実勢に即したかたちで客観的に行うことは、実務・学術の面からも大きな需要があるものの、海外と比較して研究が十分に進んでいるとはいえない。その背景としては、以下の要因がある。

(1) 不動産価格情報の入手の限界

一つには、実際に取引された不動産情報が十分開示されないことがある。欧米においては、取引価格のデータを入手することが比較的容易であり、そうしたデータをもとに多くの分析が行われている。日本の場合、取引価格の情報がないため、分析の対象は地価公示や不動産鑑定価格を基準にした価格、あるいは不動産情報誌に出ている募集価格や賃料の情報をもとに分析することが圧倒的に多くなっている。

地価公示は国土交通省の前身である建設省が1970年から実施している制度であり、日本独特の公的な土地価格の評価制度である。その価格を公示する土地のポイントは全国で2万5707地点存在する。その地点の選択は、国土交通省土地鑑定委員会が指定し、その地点の鑑定価格を複数の不動産鑑定士が鑑定評価した「正常な価格」を土地鑑定委員会が判定し、毎年1月1日現在の価格を公示することとされている。

地価公示は、「一般の土地の取引に対して指標を与え」、「不動産鑑定」、「公共事業用地」の規準、「相続評価」、「固定資産税評価」の基準となることが期待されており、一定の政策的な役割を負っている。そして、同一地点の各年の決まった月日の価格水準を示すという点では一定の意義を有している。この公示地価のデータをもとに後に述べるヘドニックアプローチによる分析や年別のデータを活用したパネルデータを利用した分析が試みられてきた。

しかしながら、公示地価は、市場の取引とは別に土地鑑定委員会が土地のポイントを定めるもので、価格の評価も不動産鑑定士による鑑定価格によっている。このデータを学術的な観点から分析の対象とすることは、不動産鑑定価格基準をあとづけるものであり、どこまで市場実勢を反映したものなのかという疑問が生ずることになる。

公示地価を分析の対象とするには限界があるもう一つの理由としてはその地価ポイントが東京都の住宅地で約1600件にとどまるという件数の制約も指摘されている。

不動産関係団体が公表する地価情報もまた不動産鑑定価格を基礎としていることが多く、同様の制約がある。

いくつかの研究例では、唐渡・清水・中川・原野（2012）によるリピートセールスモデルに見られるように、不動産情報誌に出ているマンションや賃貸住宅の募集価格をもとに不動産価格を分析している例もある。しかしこれらは、売買の時期にかなり近接している時期の不動産仲介業者の価格情報を示すものと考えられる。しかし、この情報も最終的な取引価格ではないので、その精度には限界がある。

国土交通省は2005年度から登記情報から得られた不動産取引情報をもとにアンケート調査を実施している[1]。そこで得られた情報を再編して、不動産取引情報としてホームページ上で公表している。この情報は、地図上で取引価格情報を表示しており、不動産価格の直近の傾向値を測るうえで有益な指標となりつつある。ただし、不動産の取引が行われた具体的な場所は示されてはおらず、詳細な不動

産の属性は開示されていない。

(2) 不動産取引の制度・慣行の課題

　日本において経済の実勢に適合した客観的な分析が行いにくいもう一つの要因は、日本の不動産取引の制度、慣行によるところも大きい。例えば海外と日本の私権の内容として、日本は土地と建物は別物として認識され、土地の価値が建物と比較してきわめて高く評価される傾向がある。結果として、不動産の利用価値というよりも、もっぱら将来の値上がり益目的の土地取引が多く見られ、とくにバブル期にはその傾向が強かった。

　また、借地借家法や競売手続などの法制度の歪みが不動産市場の価格形成に悪影響を及ぼした可能性も大きい。定期借地権・定期借家権が導入される前は、正当事由がない限り、借地人、借家人に明け渡しを求めることができなかった。このことは、賃貸人と賃借人との関係において後者が有利な立場にあることを意味する。これが、土地の合理的な有効利用を阻害するばかりか、新規の賃料と継続賃料が乖離するという不動産市場の歪みを生ずることになった。現在は定期借地権、定期借家権が認められており、その前提により市場価値に近い価格形成が行われていることは大竹・山鹿（2001）でも示されているところである。

　競売手続についても、その手続等の規定の結果、市場価格とは乖離した廉価な価格形成が行われていることは、田口・井出（2004）などの実証分析にも現れているところである。

　このように日本の不動産市場には、課題が大きいが、その後の制度改革もあり、市場の実勢を反映した不動産価格の形成とそのデータを使用した分析の条件は整備されつつある。

(3) 不動産鑑定制度と不動産価格の分析との関係

　日本の不動産鑑定制度は、国土交通省が定めた不動産鑑定基準に即して運用されており、その基準に位置づけられている「取引価格事例比較法」、「収益還元法」「原価法」の3つの手法は、欧米諸国にもあるものであり、とくに遜色のあるものではない（表7-1）。ただし、取引価格事例比較法を適用する場合も、その比較検討の対象となる不動産取引価格は近傍類地の土地が中心であり、収益還元法の計算のもとになる賃料水準は、やはり近傍類似の賃料水準を参考に計算することになる。一方、原価法は不動産の取得額をもとに補正を行うことになる。

　これに対して、本章で目指す不動産価格の分析は、都市全体の不動産価格形成

表7-1 不動産鑑定基準の3つの手法

①取引価格事例比較法：数多くの取引事例を収集したうえで適切な取引事例を選択し、取引価格を事情補正・時点修正し、地域要因・個別的要因を比較し、価格を比較して評価額を求める
②収益還元法：対象不動産が将来生み出すであろうと予測される純収益の現在価値の総和を求めることによって、対象不動産の試算価格（収益価格）を求める
③原価法：価格時点における対象不動産の再調達原価を求め、この再調達原価について減価修正を行って対象不動産の試算価格を求める

のメカニズムをヘドニック法あるいはリピートセールス法により分析しようとするものであり、その分析とするものは、不動産鑑定価格あるいは地価公示などの公定の価格制度によるものではなく、できるかぎり実際に取引された不動産価格をベースに分析することが必要である。

3．不動産市場の分析手法の変遷

不動産市場における価格の分析に関しては2つの手法がある。ヘドニック法とリピートセールス法である。

(1) ヘドニック法の意義と課題

このうちヘドニック法は、不動産に対する経済主体の需要・効用を高める要素がその不動産の価値に反映されるという考え方である。例えば、個人が通勤先である都市の中心部の事務所に行く利便性を高めるため、最寄り駅までの距離が短い住宅に対する需要が多くなる傾向があれば、その距離が不動産価格に影響するものとして、不動産価格の説明変数として位置づけられる。こうして、不動産の効用に影響する変数を下記の推定式に位置づけることができる。

$$P = R(x_1, x_2, \cdots, x_n) \\ = \alpha_1 x_1 + \alpha_2 x_2 + \cdots + \alpha_n x_n \tag{7-1}$$

ここで P は不動産（土地や住宅）の価格、$x_1, x_2, \cdots, x_n$ は説明変数、$\alpha_1, \alpha_2, \cdots, \alpha_n$ は、パラメータとなる。

このヘドニック分析については、Rosen（1974）の理論的な分析をもとに広く採用され、回帰分析により不動産の価値をさまざまな属性（土地であれば形状、位置、用途、建物であれば構造、規模など）による価格への影響を分析されてきた。この方法によって、品質調整を経た価格水準を推定することも可能であり

(例えば戸建て、マンションの別、規模別、構造別の住宅価格水準の推移等)、日本においても数多くのヘドニック分析が行われてきた。国土交通省においても、2012年から不動産価格指数の検討をはじめ、15年3月から年間約30万件の取引情報をもとに住宅の不動産価格指数を、16年3月からヘドニック分析を使用して商業用の不動産価格指数のデータを作成し公表している。その際には以下の式を用いて、不動産価格指数を算出している。

$$P_n^t = \beta_0 + \sum_{s=1}^{t} \delta^s D^s + \sum_{k=1}^{K} \beta_k z_{nk}^t + \epsilon_n^t \tag{7-2}$$

ここで β_0 は定数項、D^s は s 時点の時間ダミー、z_{nk} は k 種類の属性変数、δ^s と β_k はパラメータ、ϵ_n^t は誤差項を表す。

しかし、ヘドニック法には以下のような問題点がある。

第一には、不動産を欲する主体の効用に影響する属性をすべて網羅的に把握することは困難であるという点である。また、その属性自体をある程度特定できたとしてもその属性に対応するデータを把握できない恐れがある。次章で述べる地域の教育水準なども、その好例の一つで、学校単位のテストを実施していても、そのデータが公表されなければ、変数として使われることはない。土地利用関係のデータも時々刻々変わっていくが、そうした現象をいちいちとらえて変数に織り込むことはデータの整備状況に依存することになる。以上の結果を踏まえれば、過小な変数で不動産の価値を推計するバイアス（過小変数バイアス）が生ずるリスクが存在する。

第二には、仮に説明変数に係るデータが単年度のクロスセクションのデータで分析した場合には、時系列による変化による不動産価格への影響が反映されず、不十分な分析になる可能性がある。換言すれば、複数年度にわたるパネルデータが入手できれば、不動産の位置（駅や中心市街地からの距離）や構造（建築物の構造）など年次によって変化しない属性も多く、こうした属性については先に述べた過小な変数によるバイアスは生じにくくなる。

このため、パネルデータを使ったヘドニック分析も見られるものの、日本での研究例の場合、同じ地点での複数年での土地や建物の土地事例のデータの蓄積が乏しく、筆者が承知している限り、実売取引事例をもとにした研究事例はない。このため、パネルデータを利用したヘドニック分析は、公示地価など同じ地点で不動産鑑定士の評価により算定した価格をもとに分析を行っている事例が多い。

上記のような過小変数バイアスを回避するための方策に対応するものが次に述べるリピートセールス法である。

(2) リピートセールス法による分析法とその限界

　リピートセールス法は、Baily, Muth and Nource（1963）や Case and Shiller（1989）により開発されてきた手法であり、複数回売買されてきた不動産について、異時点間の取引価格を時間ダミー変数で回帰させることにより推計する手法である。この手法によった場合、同一物件の比較によるため、属性の変化がない場合には、ヘドニック法に見られる過小変数バイアスが発生しにくい利点を有する。

　リピートセールス法のモデルは一般的には、以下のように定式化される。ヘドニック法による不動産の取引価格の推計を複数年のデータを前提にその地点に関わる属性情報（マンションの規模、構造、前面道路の広さ、最寄り駅からの距離、用途）をもとに、以下の式で表すことができる。

$$\ln P_i = h(x_{1i}, x_{2i}, \cdots, x_{ni})$$
$$\ln P_{it} = x_{it}\gamma_t + \varepsilon_{it} \qquad \varepsilon_{it} = \alpha + \sigma_t + \nu_{it} \tag{7-3}$$

$\ln P_i$ は、i 地点の床面積当たりの価格、x はその地点における n 種類の属性情報、ε_{it} は誤差項、α は定数項、σ_t は時間効果、ν_{it} は攪乱項を表す。

　ここで、(7-3)式から時間差の差分をとって以下の式に変換する。

$$\Delta \ln P_i = (X_{it}\gamma_t - X_{is}\gamma_s) + (\sigma_t - \sigma_s) + \varepsilon_i \tag{7-4}$$

　次に、①すべての属性は時間を通じて不変である、②すべての属性パラメータは時間を通じて不変である、との仮定のもとに(7-4)式を以下の(7-5)式に変換することでリピートセールス法を定式化できる。

$$\Delta \ln P = M_u \sigma + \varepsilon \tag{7-5}$$

M_u は、以下の数値で示される数列の集合である。

$$M_u \begin{cases} -1 & u = s \\ 1 & u = t \\ 0 & \text{その他} \end{cases}$$

ここで、s は 1 回目の取引、t は 2 回目の取引、σ は時間効果を示している。

　欧米では広くリピートセールス法による不動産価格の推定が行われ、とくにアメリカでは、S&P／Case Shiller U.S. National Home Price Index に見られるように、リピートセールス法による不動産価格指数の提供が行われている。

　一方では、複数回取引されたサンプルだけを分析対象とするため、サンプル・

セレクション・バイアスが発生する懸念がある。また、リピートセールス法は、対象物件の品質は変化しないとの仮定を置いているが、不動産の経年劣化が生ずるほか、修繕投資が行われることが想定されるうえに、地域の立地や環境の状況に変化が生ずることは通常の事象として認識しうる。とくに日本の建築物の耐用年数は29年と欧米に比較して短く、そうした懸念はいっそう大きい。

　唐渡・中川・清水・原野（2012）は、住宅市場の需給バランスを要因とする市場全体に共通の効果（時間効果）と個々の住宅の変化、とくに経年劣化の効果（経年効果）を識別できないことはリピートセールス法による推計に深刻な集計バイアスの問題をもたらすとして、時間効果と経年効果を分離するため、両者で異なる時間単位を採用し、経年効果に非線形性を想定する推定方式を導入している。この分析は、日本の不動産市場にリピートセールス法を適用する際に生ずるとくに顕著な経年劣化の問題への解決法を示した点で画期的な論文であるが、分析対象となるサンプルが不動産情報誌に掲示された価格であって取引価格ではなく、本来分析されるべき周辺の立地や環境の変化が経年で生じた場合の影響が分析されておらず、不動産の経年変化をみるには不十分である。

　すでに述べたように、日本においても、2015年から国土交通省が不動産価格指数を作成し、公表しているが、この指数は、ヘドニック法によるものにとどまる。その背景としては、実際に取引された不動産の取引情報がこれまで十分されてこなかったこと、中古不動産の取引市場が十分形成されてこなかった事情によるものと推察される。しかし、国土交通省がとりまとめている不動産価格情報も2005年以降データの蓄積が進んでおり、とくに中古マンションの取引は、取引対象の住宅の内容も定型的で分析も比較的容易になりつつあると考えられる。

(3) 2つの手法による検証

　以上に述べた不動産評価に関する2つの手法を比較すると以下の表7-2のようになると考えられる。

　本章では、ここまで述べてきた不動産評価に関する課題を踏まえて、異時点間の比較が容易に行える中古マンションの不動産価格の取引価格情報を入手し、両手法による不動産評価の検証を行うものである。

第7章　都市居住の効用を反映する資産評価　121

表7-2　ヘドニック法とリピートセールス法の比較

	ヘドニック法	リピートセールス法
概要	不動産をさまざまな属性の価値に関する集合体と見なし、回帰分析	同一不動産の複数回行われた取引された不動産を対象に同一不動産の異時点間の差分価格を時点ダミーに回帰させて価格指数を推定
データ	プーリングデータが多い	複数回の取引データが必要
メリット	品質調整された価格指数を計測	過小変数バイアスを回避
デメリット	すべての属性を観察することが困難。過小変数バイアスが生ずる	観察期間の間に同一物件の属性に変化が生ずる

4. 不動産価格のデータとモデル

(1) 推定モデルの特定化

ここでは、中古マンションの取引情報をもとに、ヘドニック法とリピートセールス法を使って不動産価格の推定を行うものとする。

ヘドニック法は、前節(7-2)式を再掲した下記のモデルで分析を行う。

$$P_n^t = \beta_0 + \sum_{s=1}^{t} \delta^s D^s + \sum_{k=1}^{K} \beta_k z_{nk}^t + \epsilon_n^t \tag{7-6}$$

これに対して、リピートセールス法は、先にも述べたように、①すべての属性は時間を通じて不変である、②すべての属性パラメータは時間を通じて不変であると仮定し、前節の(7-5)式を用いて分析する。

ただし、すべての属性が時間を通じて一定という仮定は現実的とはいえない。

第一には、建築後の年数の経過につれて、老朽化、陳腐化により、マンションの価値が変わっていくことになる（マンション価格の経年効果）。

第二には、不動産が立地する地域での地震時の延焼危険性や犯罪発生率などの環境の変化により、取引価格に影響を与える可能性がある。

第三には、床面積など属性自体は時間が経過しても変化しない場合でも、価格関数の構造変化を反映してパラメータが変化する可能性がある。

上記の課題のうち、第一のマンションの経年効果は、同じ時間の単位で時間効果とともに説明変数に入れた場合、建築物の経過年数を示す $A_t = t-s$ と時間効果を示す年間ダミー変数との間に以下の線形関係が成立する。

$$A_t = t-s = \Sigma_{u=1}^{T} uD_{iu} + 1 \times D_{i1} + 2 \times D_{i2} + \cdots + T \times D_{iT} \tag{7-7}$$

このため、多重共線性があるために時間効果と経年効果を別々に推計することが困難になる。この解決法として唐渡・清水・中川・原野 (2012) で指摘するように、①時間効果と経年効果で異なる時間単位を利用する、② Chau, Wong and Wong (2005) が提唱するように Box-Cox 変換などにより経年効果の非線形性を想定する方法が考えられる。本分析で使用するデータでは、それぞれの建築年月、取引時点の年月が示されており、経過月数を説明変数にすれば先の線形関係は崩れ、多重共線性の問題は回避できることから、本分析では建築月数を説明変数とする分析を行う。

ここで建築竣工時点の価値を C_0 とおき、取引時点 t において建築後 T 月を経過した住宅の価値 C_t は下記の通りとなる。

$$C_t = C_0 exp(k \times T) \tag{7-8}$$

リピートセールス法に沿って取引時点間（t 期と s 期）の差分をとると、下記 (7-9) 式に変形できる。

$$\Delta \ln p_i = \beta(\ln C_{it} - \ln C_{is}) + (\sigma_t - \sigma_s) + \Delta v_{its} = \theta(t-s) + (\sigma_t - \sigma_s) \tag{7-9}$$

ここで、$\theta = C_0 \times \beta \times k$ となるパラメータである。

第二の取引地点の近隣の土地利用や環境の変化や第三の不動産の価格関数の構造変化に対処するために、上記の (7-9) 式を (7-10) 式に変形できる。

$$\Delta \ln P_i = \theta(t-s) + \sum_{u=2}^{T} \sum_{j=1}^{J} \gamma_{ju} M_{iu} Z_{ij} + \sum_{u=2}^{T} M_{iu} \sigma_u + \varepsilon \tag{7-10}$$

M は (7-5) 式で示したダミー変数で構成される行列、Z は地域の環境変化に関する変数と時系列の変化のなかでパラメータが変化する属性変数、σ は時間効果である。パラメータのみ変化する属性が変数となる場合は、$\Sigma_{u=2}^{T} \Sigma_{j=1}^{J} \gamma_{ju} M_{iu} Z_{ij}$ は $\Sigma_{u=2}^{T} \Sigma_{j=1}^{J} (\gamma_{jt} - \gamma_{js}) \hat{Z}_j$ と書き換えられる。

以上の式を前提にすれば、特定の s 時点を 1 とする t 期の不動産価格指数は以下の数式となる。

$$\begin{aligned} I_{t/s} = {} & exp(\theta(t-s)) exp(\sum_{u=2}^{T} \sum_{j=1}^{J} \gamma_{ju} M_{iu} Z_{ij}) \\ & \times exp(\sum_{u=2}^{T} \sum_{j=1}^{J} (\gamma_{jt} - \gamma_{js}) \hat{Z}_j) exp(\sum_{u=2}^{T} M_{iu} \sigma_u) \end{aligned} \tag{7-11}$$

第 7 章　都市居住の効用を反映する資産評価　123

経年変化を除いた価格指数は以下のとおりであり、本分析ではこの指数をベースに複数の手法の比較を行っていく。

$$I_{t/s} = exp\left(\sum_{u=2}^{T}\sum_{j=1}^{J} \gamma_{ju} M_{iu} Z_{ij}\right) exp\left(\sum_{u=2}^{T}\sum_{j=1}^{J} (\gamma_{jt}-\gamma_{js}) \hat{Z}_j\right) \\ \times exp\left(\sum_{u=2}^{T} M_{iu} \sigma_u\right) \tag{7-12}$$

(2) 使用したデータ

　本研究では、被説明変数は複数回取引されたマンションの取引価格の差とし、説明変数として、建物の経年効果を示すマンションの建築から経過月数、年次効果を示す年次ダミー、近隣の環境の状況を示すものとして、東京都が評価した地震時の町丁目単位の延焼危険性、町丁目単位の面積当たりの犯罪発生率、価格形成要因の構造変化を検証するためマンションの床面積を採用している。

　被説明変数である中古マンションの取引価格や説明変数に用いる建築年、取引年月、床面積、最寄り駅からの距離は、国土交通省が実施している不動産取引当事者へのアンケート調査にもとづき把握された実際の取引価格である「不動産取引価格情報」[1]によっている。この調査は、国土交通省が地価の上昇や下落傾向を示すために、不動産取引に起因する登記情報を入手して、取引を行った当事者に対してアンケートを行い、不動産価格その他の属性情報を入手し、そこから得られた情報を取引者の情報が特定できないようにして、同省のホームページで公表している。本分析では、時系列のなかで同一物件での複数取引のデータを作成するため、国土交通省の不動産取引情報の属性情報（その物件のマンション名、位置情報、構造、建築年月など）をもとに、同じマンションの住戸で 2 回以上の取引が行われたマンションの 2005～14 年の取引情報を抽出してデータとした。このデータのなかには、取引されたマンション名、部屋番号も入っており、この情報をもとに同一の不動産の取引をマッチングすることでリピートセールスのためのデータを整備する。分析の対象は、東京特別区内の取引とした。

　説明変数を構成する地震における火災に対する危険度については、地震発生時に火災の延焼等による大きな被害をもたらすリスクがある。とくに分析対象となる東京特別区においては木造住宅が密集した地域が多く、災害に対する危険性ばかりでなく、これが不動産価格に影響することが懸念される。本分析では、東京都がおおむね 5 年ごとに公表している「地震に関する危険度」[2]で示される町丁目単位の延焼危険性のランキングを用いて、100 番以内の危険性が高い町丁目について、危険性が高い順位の逆数を用いて変数としている。

表7-3 データの記述統計

	リピートセールス法		取引数全体
	1回目	2回目	
取引価格(万円)	2510.790 (2097.985) [500-26000]	2628.522 (2067.712) [500-24800]	2569.656 (2083.520) [500-26000]
建築月数	194.3725 (140.7218) [1-567]	228.027 (137.71) [5-571]	211.77 (140.223) [1-571]
床面積(m²)	44.544 (24.113) [10.82-281.99]		
最寄り駅までの距離(m)	361.883 (327.315) [0-3200]		
容積率(%)	371.283 (166.205) [100-800]		
地震時の延焼危険性	0.089 (1.177)	0.113 (1.37)	0.089 (1.176)
犯罪発生率(件/ha)	4.559 (38.430) [0-1155.27]	3.856 (40.285) [0-1483.05]	4.208 (39.366) [0-1483.05]
標本数	2416		4832

注：上段は平均値、中段の（ ）書きは標準偏差、下段の［ ］内は最小値と最大値

また、犯罪の発生が多い地域は、その地域への居住が生命や財産に対する危険を高めることになり、負の外部性になって不動産価格を引き下げる可能性が高い。本分析では、警視庁が把握した町丁目別の犯罪認知件数を用いて、取引の前年度の住宅地の面積当たりの凶悪犯、粗暴犯、住居向けの侵入窃盗犯罪の件数を変数とした。

それぞれの地域の環境の状況を示す変数は、時系列のなかで変動し、その変化が同一不動産であっても不動産価格に影響を与えることになるので、その影響をリピートセールス法で検証する。このほか、不動産の規模（例えばマンションの床面積など）などのパラメータも時系列の変化につれて構造変化をする可能性があり、この検証をリピートセールス法のなかで行う。これらのデータの記述統計は、表7-3、表7-4に示す通りである。

分析対象となるマンションの取引情報は、国土交通省が開示している2005～2014年の取引情報のなかから、取引されているマンション名、部屋番号をもとに同一対象のマンション取引情報を抽出した。建築年数は1回目の取引時点

表7-4　年次別マンション価格

年次	1回目の取引			2回目の取引		
	平均	標準偏差	標本数	平均	標準偏差	標本数
2005	2308	2144	270			0
2006	2713	2181	461	2195	1818	58
2007	2607	1957	489	2784	2146	136
2008	2609	2154	305	2828	1862	233
2009	2790	2681	263	2850	2925	224
2010	2317	1559	251	2756	2474	266
2011	2287	1993	183	2579	1898	345
2012	2019	1871	151	2485	1638	422
2013	1949	1202	41	2566	2027	592
2014			0	2547	1543	140

注：単位は百万円

で194月、2回目の取引時点で228月が平均値である。

5．推定結果とその解釈

本推計[3]では、まず、経年変化と時間効果を分離するため、①年間ダミーのみを用い、経年効果を調整する前のリピートセールス法（調整前RS法）、②経過月数を説明変数に加えたリピートセールス法（経過月数調整後RS法）についてモデルの推定を行った（表7-5）[4]。経過月数の推計に用いるθは有意であり、経過月数の経過につれて不動産が減価する。建築年数が5年経過したマンションの場合、さらに1年経過した後の減価の割合は2.5%となる。この点、唐渡・中川・清水・原野（2012）は、経過年数5.58年の周辺で1年間で5.6%の減価率であるとしており本論文の分析よりかなり長いが、この分析での建築年数は最大でも13.75年で狭い範囲での分析に起因していると考えられる[5]。また、Baysian Information Criterion（B.I.C）の数値は、経過月数調整後RS法のほうが調整前RS法よりも小さい値を示しており、より望ましいモデルを示しているといえる。

上記①、②に加え、③地域の環境の変化や不動産価格に影響する属性変化を反映させたモデル（環境属性変化対応型RS法）について推計を行った（表7-6、表7-7）。また、これと対比する趣旨で、④ヘドニックモデルによる分析も示している。

この結果、不動産取引が行われた地域の環境の変化に関しては、延焼可能性、犯罪発生率は、いずれも負の係数を示し、延焼危険性の抑制や犯罪発生率の低下

表7-5　変換前後のリピートセールス法の分析結果

変数	調整前RS法		経過月数調整後RS法	
	係数	標準誤差	係数	標準誤差
06年	0.0527*	0.0217	0.0633***	0.0209
07年	0.1128***	0.0220	0.1499***	0.0214
08年	0.0910***	0.0224	0.1561***	0.0221
09年	0.0382*	0.0228	0.1206***	0.0227
10年	0.0260	0.0227	0.1311***	0.0231
11年	0.0121	0.0226	0.1368***	0.0236
12年	-0.0043	0.0224	0.1366***	0.0238
13年	0.0666***	0.0221	0.2240***	0.0241
14年	0.1710***	0.0324	0.3307***	0.0332
θ			-0.1401***	0.0101
Adj. R^2	0.0332		0.1040	
B.I.C.	1163.173		986.320	

注：＊＊＊、＊＊、＊はそれぞれ1％、5％、10％有意を示す。＊＊年はそれぞれの年に取引が行われたことを示す年次ダミー

表7-6　環境変化を反映させたリピートセールス法とヘドニック法と比較）

	環境属性変化対応型RS法		ヘドニック法	
	係数	標準誤差	係数	標準誤差
06年	0.0631***	(0.0209)	0.0689***	0.0243
07年	0.1512***	(0.0214)	0.2044***	0.0236
08年	0.1585***	0.0221	0.1985***	0.0243
09年	0.1232***	0.0237	0.1310***	0.0247
10年	0.1332***	0.0231	0.1682***	0.0245
11年	0.1389***	0.0236	0.1702***	0.0245
12年	0.1386***	0.0238	0.1560***	0.0242
13年	0.2250***	0.0241	0.2569***	0.0238
14年	0.3217***	0.0332	0.3048***	0.0340
θ	-0.1405***	0.0101	-0.2294***	0.0046
延焼可能性	-0.0119***	0.0038	-0.0009	0.0036
犯罪発生率	-0.0554*	0.0331	-0.0003**	0.0001
Adj. R^2	0.1078		0.7597	
B.I.C	989.626		2986.816	

注1）＊＊＊、＊＊、＊はそれぞれ1％、5％、10％有意を示す

が居住するうえでのリスクの低下につながり、地価の上昇要因となることを示している。また、時系列により変化しない属性であるマンションの床面積については、これらの変数と時間ダミーの交差項係数がすべて0であるという仮説がF検定で棄却され、全期間にわたり係数が一定ではないことがわかる。

このほか、公園等の土地利用変化、建物の倒壊危険性についても不動産価格に

表7-7 構造変化（住宅の床面積）の影響を考慮した
リピートセールス法の推計

	係数	標準誤差
06年ダミー	-0.1059	0.1320
07年ダミー	-0.0642	0.1319
08年ダミー	0.2253*	0.1366
09年ダミー	-0.2581*	0.1399
10年ダミー	-0.1302	0.1397
11年ダミー	-0.1988	0.1390
12年ダミー	-0.2722**	0.1382
13年ダミー	-0.1368	0.1356
14年ダミー	-0.2902	0.2208
06年ダミー×属性	0.0470	0.0361
07年ダミー×属性	0.0594	0.0363
08年ダミー×属性	-0.0165	0.0373
09年ダミー×属性	0.1035***	0.0379
10年ダミー×属性	0.0726**	0.0380
11年ダミー×属性	0.0925**	0.0380
12年ダミー×属性	0.1121***	0.0376
13年ダミー×属性	0.0994***	0.0374
14年ダミー×属性	0.1693***	0.0592
θ	-0.1382***	0.0101
延焼危険性	-0.0109***	0.0039
犯罪発生率	-0.0620**	0.0330
Adj. R^2	0.1166	[0.0000]
B.I.C	1026.655	
F検定量	3.56	

注1) ***、**、*はそれぞれ1％、5％、10％有意を示す
2) F検定は、不動産価格に影響する属性変数と年次ダミーの交差項の
係数が0になるとの帰無仮説について検定

影響を与える可能性があったが、実証では有意な結果とはならなかった。また火災危険度が低い上位100番以上の地域は価格に有意な影響を与えなかった。

地震の危険度や犯罪発生率の実証分析に関しては、先述のように、山鹿・中川・齊藤（2002）や沓澤・山鹿・水谷・大竹（2007）の先行研究が見られるが、いずれもクロスセクションの家賃や地価に与える影響を分析したもので、時系列での数値の変化の影響を分析したものと比較することには限界がある。

ただし、いずれの分析も地震の危険度や犯罪の発生率に対して負に有意な数値を示しており、結論としては整合的である。犯罪発生率の係数は、時系列の変化を見た今回のほうが小さい。

以上の推計をもとに2005年の不動産価格を指数として示したものが表7-8であり、その推移をまとめたものが図7-1である。

表7-8 不動産価格指数、信頼区間の推移と比較

年	①調整前RS法	②調整後RS法	③環境属性対応型RS法	④ヘドニック法
06	1.0542 1.0102-1.1001 (0.0899)	1.0653 1.0225-1.1100 (0.0875)	1.0705 1.0272-1.1156 (0.0884)	1.0714 1.0215-1.1236 (0.1021)
07	1.1194 1.0720-1.1689 (0.0968)	1.1617 1.1139-1.2114 (0.0975)	1.1690 1.1206-1.2196 (0.0990)	1.2268 1.1714-1.2848 (0.1134)
08	1.0953 1.0481-1.1446 (0.0964)	1.1689 1.1193-1.2207 (0.1014)	1.1721 1.1222-1.2241 (0.1019)	1.2196 1.1629-1.2791 (0.1162)
09	1.0390 0.9936-1.0865 (0.0929)	1.1282 1.0789-1.1796 (0.1007)	1.1407 1.910-1.1926 (0.1016)	1.1400 1.0861-1.1965 (0.1104)
10	1.0263 0.9817-1.0730 (0.0914)	1.1400 1.0895-1.1929 (0.1035)	1.1498 1.0988-1.2032 (0.1044)	1.1831 1.1277-1.2414. (0.1137)
11	1.0121 0.9662-1.0581 (0.0898)	1.1466 1.0948-1.12009 (0.1061)	1.1581 1.1059-1.2128 (0.1069)	1.1855 1.1300-1.2438 (0.1138)
12	0.9957 0.9530-1.0404 (0.0874)	1.1464 1.0940-1.2012 (0.1072)	1.1595 1.1068-1.2147 (0.1080)	1.1688 1.1147-1.2257 (0.1110)
13	1.0688 1.0235-1.1162 (0.0927)	1.2511 1.1933-1.3117 (0.1185)	1.2629 1.2047-1.3239 (0.1193)	1.2929 1.2338-1.3547 (0.1209)
14	1.1865 1.1135-1.2643 (0.1508)	1.3920 1.3041-1.4858 (0.1817)	1.4071 1.3192-1.5009 (0.1817)	1.3563 1.2690-1.4497 (0.1807)

注:上段は2005年を1とする不動産価格指数。中段は信頼区間、下段は信頼区間の幅を示している

　すでに述べたとおり、国土交通省は不動産の取引価格をもとにヘドニック法を用いて価格指標をとりまとめ、「不動産価格指数」として国土交通省のHPで公表している。その公表の範囲は、2007年からで本分析の時期と一致せず、地域の範囲も東京都全域に及んでおり直接の比較はできないが、④の分析とほぼ同様の軌跡を描いている。表7-6に示したとおり、リピートセールス法とヘドニック法の数値はほぼ同様の傾向を示しているが、指標の水準としては14年を除きヘドニック法のほうがやや高い水準を示している。信頼区間の幅も14年を除き、リピートセールス法によるもののほうが、ヘドニック法のものに比べ、短くなっている。また、②と③の手法の比較から地域の環境や属性の係数の変化が不動産価格の推計に一定の影響を与えている。

図7-1 リピートセールス法とヘドニック法による不動産価格指数の比較

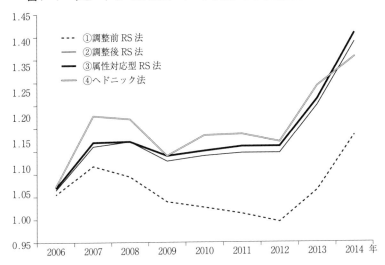

6. 今後の分析の課題

　本章では、不動産価格を推計する方式として欧米では広く利用されてきたリピートセールス法を用いて、地域の立地状況や環境の変化が不動産価格に与える影響を分析し、併せて不動産本来の規模や位置などに関する属性が時系列の進行により不動産価格に与える影響の変化についても分析を行った。この結果、地震時の延焼危険性、犯罪発生率などの地域の環境要因が不動産価格の形成に影響すること、また不動産の床面積も時系列の変化によって係数が変化することが明らかになった。

　しかし、今後の推計方法の検討の際には、さらに検討すべき事項がある。例えば、リピートセールス法は複数回取引の不動産を対象とするため、所有者の複数回入れ替わり、長期にわたり質的に劣化しない不動産に限定される可能性が高い。この結果、リピートセールス法の対象となる不動産は特定の性質を有するものだけとなり、セレクションバイアスが生ずる恐れがある（もっとも、複数回取引以外の不動産取引を使って算出した国土交通省の東京都内のマンション価格指数は2014年4月に東京都で109.63であるのに対し、複数回取引、東京都区部を対象にした本章でのヘドニック法による価格指数は2014年で110.56（2007年を100）で

あり、サンプルが異なることによる差異は大きくない)。

　また、日本は、中古住宅の市場整備が欧米に比べて遅れており、取引件数も十分とはいえない。さらに、本分析は、国土交通省の不動産取引当事者へのアンケート調査にもとづく不動産の実際の取引価格をもとにしているが、不動産の取引価格は取引当事者の事情や取引態様により多様である。これまで分析対象とされることが多かった地価公示や不動産情報誌などをもとにした価格情報に比べ、データのばらつきが多く、取引の事情に応じたより詳細な分析が必要である。

　これに加え、中古の不動産に関しては、それぞれの不動産の個別性が強く、途中で改修が行われることや売り惜しみや買い急ぎ、あるいは債務の存在による任意売買など買主・売主の個別の事情が取引価格に影響を及ぼすおそれがある。これに対して、今回の分析の対象となった不動産取引のもととなった国土交通省のアンケート調査では、中古マンションの取引が行われる際にリフォームが行われたかどうかについて聞いているが、具体的にどの程度の額でどの程度のリフォームが行われたかの情報の把握は行われていない。今後リピートセールス法を定着させていくためには、分析の対象となる建築物の維持更新の経歴を改修額も含めた情報化が必要となる。一方で、リピートセールス法は、これまですべての属性情報を把握することが困難ななかで不動産価格の分析を行ってきたヘドニック法の限界を乗り越えるという点で大きな前進であり、当面は両者の分析を併存させながらより精密な分析を目指していくことが必要である。

注

1　国土交通省による「不動産取引価格情報」は、土地建物の取引を行った当事者の方から任意に取引情報を提供していただき、その情報を取引当事者の情報を特定できないようにしてホームページに公表している。2011年現在で120万件を超えている。

2　延焼危険性は、東京都が5年に1回公表している「地震に関する地域危険度測定調査」の中の火災の発生による延焼危険度によっており、その危険性は、地域の建物密度、建物構造、広幅員道路や公園の整備存在などから判断している。

3　この推計は統計ソフトであるstataによって行った。

4　日本住宅総合センターが戸建て住宅について行った分析では、1年当たりの減価率は0.9%と小さい。

5　川口・渡辺 (2011) はリピートセールス法の先行研究であるが、分析対象期間は2008年まで、本分析と重なる時期が少ない。また、唐渡広志・清水千弘・中川雅之・原野啓 (2012) も対象期間は分析対象が2006年までで本分析とほとんど重なりがなく、比較はできなかった。

第8章
都市居住における教育の価値

　都市居住の効用が与える資産価値の影響については、前章でその立地や防災性や防犯性などの面から評価を行った。しかしながら、近年では、居住者の子弟が享受できる教育水準など居住に関わる地域の性能が資産価値に与える影響が評価されるようになりつつある。
　本章では、これまであまり注目されてこなかった教育水準の都市居住上の価値を分析する。

1. 教育水準と不動産の価値を論ずる意味

　前章でも論じたように、不動産の資産価格を分析する際には、その不動産そのものの属性だけでなく、近隣地域の環境要因が大きな影響を与えていることを考慮する必要がある。これはすなわち、居住者にとっての住み心地、生活性能と呼ぶべきものが不動産の価値に大きな影響を与えているということにほかならない。

　コンパクトシティも郊外に広がりすぎた市街地を集約させ、もって生活者の利便性を高めるという意味では、前章で述べたように資産価値の向上に資することになる。

　本章では、こうした生活性能の要素の一つとしてこれまであまり注目されてこなかった教育水準と地価の関係についての分析結果をまとめる。

2. 教育水準の把握が難しいわが国の現状

　教育は大きな政策課題の一つとして、常に耳目を集めてきた。最近では、経済財政諮問会議の中に設置された「選択する未来」委員会が2014年5月にとりまとめた中間整理でも、「未来を支えるプレイヤーの育成」との観点から「子どもの様々な能力を伸ばす多様な機会を充実させ、格差の再生産を回避していく」としており、教育を子どもの将来の経済力の確保に向けた未来への投資ととらえることが前提となっている。とくに、教育のなかで大きな役割を担う親により強く意識されることで、地域環境を含めた最適な教育環境を整えるために、近隣に良質な教育を行う学校があるかどうかが居住の選択の一つの判断材料となることが考えられる。

　地域の小学校における教育の効果を検証するために、2007年から「全国学力・学習状況調査（全国学力テスト）」も行われており、それぞれの小学校、中学校での教育内容も一律ではなく、それぞれの学校で創意工夫した取り組みが行われつつある。また学校選択制[1]が導入されるなど、学校に通わせる家庭にとっても学校や教育内容を選ぶ権利が与えられる方向に進みつつある。学力テストなどで把握できる教育の成果としての生徒の学力の水準（以下「教育水準」という）は、それが高いものであるほど、そうした教育が行われる地域に大きな効用が存することが期待され、その学校が立地する地域の地価や家賃の上昇に寄与することが

考えられる。

　ただし、こうした教育水準の地価等への効果を検証するためには、それぞれの学校に通う小学生等の教育水準そのものの把握が前提となるが、日本においては、これまで学校教育による生徒の成績がほとんど公表されてこなかったことから、学校教育による教育水準の把握はきわめて困難であった。全国学力・学習状況調査についても、全国と都道府県ごとの平均は公表されているが、学校ごとの結果は公表されていない。

　首都圏の小学生の教育水準の状況を確認する方法として、都内の有力な進学塾が把握している中学受験での合格実績がある。この合格実績は、進学塾に在籍した小学生の国公立、私立中学の合格状況をその小学生の出身小学校別に分類している。それぞれの中学校に合格するために必要な偏差値の水準もその進学塾の推計で把握可能であることから、これを組み合わせることで、私立中学校等を受験して合格した者の学力というデータを通じた間接的な把握であるとの限界はあるものの、それぞれの学校の生徒の教育水準を把握し、その学校が立地する地域の地価との関係を分析することが可能である。ただし、学校の教育水準は、その地域に居住する家族の属性や所得などの属性に影響を受けている可能性もあり、内生変数となっている可能性が大きい。この場合、利便性の高い地域は、専門的職業で安定した所得水準が得られ、教育に多くの支出を充てられる家族が住み、教育水準と地価とを同時に押し上げている可能性もある。さらには、それぞれの地域の教育水準が及ぼす影響について必ずしも統計データとして把握されていないという測定誤差の問題もある。こうした教育水準の内生性と測定誤差の存在は、OLSを用いて地域ごとの教育水準が地価に与える影響を推定すると、推定される教育水準の係数にバイアスを発生させる。そこで本章ではパネルデータ分析を用いて、東京都区内の教育水準が地価に与える影響の分析を行った。併せて本データが特定の学習塾のデータベースに依存していることを踏まえ、本データでは観測されない中学受験進学者の存在により懸念されるサンプル・セレクション・バイアスに対応するため、2段階のヘックマン推定をもとに教育水準や地価との関係について検証を行う。

3．先行研究

　日本においては、教育水準の状況を示す学校のテストの結果についての情報

公開はほとんど行われておらず、教育水準と地価との関係の分析の隘路となっていた。そのなかで、吉田・張・牛島（2008）は足立区の私立中学校（国立を含む）への進学情報を利用した学校の質と地価との関係の検証を行っている。牛島・吉田（2009）は、その分析をさらに東京23区全体に拡張し、私立中学校進学率が10ポイント上昇すると地価が0.7％上昇するとの結論を出している。ただし、これらの分析は、私立中学校等への進学率を利用した分析にとどまり、直接教育水準の効果にまで踏み込んだ分析とはなっていない。すなわち、私立中学校といってもその要求する教育水準はさまざまであり、私立中学校に進学したからといって学力が高いと一概にいいきれるものではない。これに対して、アメリカにおいては、早くから教育の効果についてのデータベースが整備されており、これをもとに資産価格への影響についての研究が数多く行われている。Dubin and Goodman（1982）は、ボルチモア市において学校教育が住宅価格に及ぼす影響について初めてヘドニック住宅価格関数を推定した。その後、Hayes and Taylor（1996）は、学校の成績そのものというより、学校教育の成果（学校成績の上昇の効果）が住宅価格に与える影響について分析した。これに対して、Downes and Zabel（2002）は、単純に学校のテストの成績と住宅価格との関係を分析しており、おおむねその他の研究はこの方法によっている。学校教育の効果と住宅価格とのデータのマッチングに関してBlack（1999）は、学校教育の変数を学校区の境界ごとに当てはめて、学校の成績が住宅の価格に与える影響を分析し、親が成績向上のためにいくら余計に支払う意思があるかを推定している。ボストン郊外のいくつかの郡を対象とした分析で5％の成績上昇に対して2.5％高い住宅を支払う意思が両親にあると推計している。また、Figlio and Maurice（2002）は、州政府が行う学校のレベル分け（Grade Distinction）が住宅価格に与える影響を検証している。Nechyba（2003）は、バウチャー制度の導入の結果、所得の高い階層の者が私立学校に通わせるインセンティブを生み出す一方で、所得の低い階層がレベルの低い公立学校に行くことになり、住宅市場のゆがみと地域的な細分化（Segregation）の進行が生ずることを明らかにしている。

　以上の先行研究例にもとづき、地域に属する学校の教育水準が住宅地の地価に与える影響について、進学塾の中学進学実績と合格に必要な偏差値水準をもとに、地域ごとの教育水準を推定し、ヘドニック分析を通じて検証することとする。ただし、教育水準の内生性を踏まえ、パネルデータ分析を使って教育水準と地価との関係を検証し、併せて本データのサンプル・セレクション・バイアスの懸念に対応するため、2段階ヘックマン推定を実施する。

4．分析の方針

本節では、地価の説明変数として、合格した私立中学校、国公立中高一貫校の合格に必要な偏差値をもとにした教育水準を加え、当該教育水準が地価に与える影響をヘドニック関数を通じて地価を推定する。

(1) データ

被説明変数である地価に関するデータには、東京都宅地建物取引業協会が取りまとめている2008年から2011年までの地価のデータを用いた。

説明変数には、①その地点の属する地域の教育水準に加え、②前面道路の幅員、③最寄り駅からの時間（「Yahoo!地図情報」により計測）、④東京駅からの時間、（「Yahoo!路線情報」により計算）、⑤地点の都市計画上の容積率、⑥地点の属する都市計画上の用途地域（ダミー変数）、⑦地震危険度（東京都がすべての町丁目について2008年に発表した地震に関する危険度を示した5段階の評価であり、木造密集地域などでの火災危険度や建物倒壊危険性を包含する住宅地の地震危険性に関する包括的な指標であることから説明変数とした。もっとも安全な地域を示す地域を1とするダミー変数）、⑧世帯密度（住宅地に利用されている地域の1ヘクタール当たりに存在する百世帯数）、⑨年次ダミーを採用している。それぞれの変数のうち、①は平均からの偏差の割合を示し、⑤は敷地に対する利用の割合、⑧は住宅地に対する世帯の密集の割合を示すものであることから実数を説明変数とし、残りの変数はダミー変数を除き、対数値を説明変数とした。⑥の用途地域のダミー変数はそれぞれの地域の用途規制が地価に与える影響を分析するため、準工業地域を除き設定した。

小学校の教育水準に関しては、東京圏で多くの実績をあげている進学塾の一つであるW塾のデータを活用した。この進学塾は東京都区部全域に学校を置いており、その生徒の合格実績と所属する小学校の名簿を毎年頒布している。また、この進学塾は、その塾が実施した模擬試験のデータをもとにそれぞれの中学校への合格に必要な偏差値をホームページ上で公表しており、この偏差値をもとにすればそれぞれの中学校に合格したそれぞれの生徒の教育水準の推定が可能である。

具体的な推計方法としては、私立中学校等に合格したすべての生徒の合格先の学校の偏差値の合計値を合格した生徒数で割り、それぞれ小学校ごとの平均値を算出することで、その小学校が立地する小学校区ごとの教育水準を推計できる。

この場合、算出された教育水準は小学校区内の合格者の偏差値の平均値であり、児童数の多い学校区で必ずしも偏差値の平均値が大きくなる関係にはないので、学校区内の児童数による調整は行わなかった。また、私立中学校等への距離が遠い小学校区は合格の可能性が低くなる懸念があるが、東京23区の場合、私立中学校等への電車通学が一般化し、隣県からすら通学することがめずらしくないことから想定される中学校への通勤時間、通学距離による調整は行っていない。

この数値は、特定の進学塾に所属して、中学受験をして合格した生徒の偏差値の平均を教育水準として示しているものであり、中学受験を行わず公立中学校に進学した者の学力は反映されていない。この点、牛島・吉田（2009）は、公立中学進学者に比べ、中学受験をして私立中学校等に進学した者のほうが学力が高いと分析しており、今回のデータはそれぞれの学校区内で受験を通じて高い学力が確認できた者を通じた教育水準の分析となる。

中学受験による進学者に限って考察しても、元のデータは、他の塾に行った者や塾そのものに行かずに中学受験をして私立中学校等に進学した者をデータに含めることができず、このため、算出された教育水準が私立中学校等の進学者全体の教育水準を正確に反映しているのか、また、地価への影響分析にバイアスを生じていないのかといったサンプル・セレクション・バイアスの懸念が生ずる。このため、本分析では、サンプル・セレクション・バイアスを考慮した2段階ヘックマン推計を行い、こうした懸念に対する検証を行った。

この場合、まず第1段階で、有力進学塾であるW塾に所属して中学受験を通じて私立中学校等に合格する者が小学校区に存在する確率を2項プロビットで推計し、第2段階では最小自乗法により、教育水準や地価関数を推定し、逆ミルズ比と説明変数の係数を推定する。第1段階の説明変数としては、①W塾の校舎からそれぞれの地価のデータが存する地域（所在する番地の中心）までの直線距離、②自営業者の全就労者に占める割合を選定した。①の変数が大きくなれば、塾への通学が時間的に困難となり、他の塾を選択する可能性が高くなる。②の変数が大きい場合、収入の安定性の不安から塾に通わせる確率は小さくなると考えられることから、説明変数に位置づけた。第2段階の推計のうち、教育水準を推計する説明変数は、①管理的専門的職業従事者が全就労者に占める割合、②官公庁施設、教養文化施設が宅地面積に占める割合を位置づけた。前者は、親がホワイトカラーの家庭では子の学力が高くなるOECD（2012b）によるPISA（生徒の学習到達度調査）のデータに依拠しており、後者は学力に関係の深い施設へのアクセスがそこに居住する生徒の学力に与える影響を考慮したものである。地価を推

表 8-1 記述統計

変数	平均	分散
地価(万円)	53.527	37.971
教育水準(偏差値)	55.134	5.927
前面道路幅員(m)	7.254	6.302
最寄駅までの時間(分)	10.693	5.744
東京駅までの時間(分)	34.237	8.827
容積率	207.153	83.28
第1種低層住居専用地域	0.293	0.455
第2種低層住居専用地域	0.013	0.114
第1種中高層住居専用地域	0.236	0.425
第2種中高層住居専用地域	0.022	0.145
第1種住居地域	0.231	0.422
第2種住居地域	0.031	0.173
準住居地域	0.018	0.134
準工業地域	0.127	0.333
地震危険度(レベル1)	0.178	0.383
地震危険度(レベル2)	0.494	0.500
地震危険度(レベル3)	0.240	0.427
地震危険度(レベル4)	0.072	0.259
地震危険度(レベル5)	0.016	0.126
世帯密度(百世帯/ha)	7.367	72.532
進学塾までの距離(m)	1853.693	1227.341
自営業者の割合	0.110	0.023
管理的専門的職業従事者割合	0.205	0.074
官公庁・教養文化施設割合	0.122	0.114
サンプル数		23485
教育水準を観測したサンプル数		15570
グループ数		5403

注:用途地域、地震危険度はダミー変数

計する説明変数は、OLSと同様である。

以下、これらの変数等の記述統計を表8-1に示した。

(2) 推定モデルの特定化

本項では、地価に影響を与える地域の教育水準その他の説明変数を特定することで地価関数を推定する。

地点ごとの地価は、その地点に関わる属性情報や地点の属する地域の教育水準をもとに、以下のようなヘドニック価格関数として表すことができる。

$$\ln P_i = \alpha + \sum_{k=1}^{n} \beta_k x_{ki} + \gamma Score_i + \varepsilon_i \tag{8-1}$$

P_i は、i 地点の住宅地の地価、x_i はその地点における n 種類の属性情報、$Score_i$ はその地点の属する地域での教育水準を表す。ϵ_i は誤差項、α は定数項、β_k、γ はパラメータである。i 点を含む地域での教育水準が地価を上昇させるのであれば、γ は正となる。ここで問題が生ずるのが、地点に関わる情報は完全には観察されず、観察されない情報は、すべて誤差項に入り、それぞれの地域の教育水準と相関する可能性があるという点である。すなわち、教育水準が高いからその地域の地価が高いのか、もともとその地域の属性のために地価が高いのかを識別できない。

この問題を解決する手段としてパネルデータによる分析を用いることが考えられる。パネルデータ分析のモデルは以下のように定式化できる。

$$\ln P_{it} = \alpha + \sum_{k=1}^{n} \beta x_{kit} + \gamma Score_{it} + \mu_i + \nu_{it} \tag{8-2}$$

また、特定の進学塾のデータに依拠することから生ずるサンプル・セレクション・バイアスの課題を解決するために、Heckman（1979）のモデルに依拠し、以下のヘックマンの2段階推定を行い、元のデータでは観測されないサンプルを含めた教育水準や地価関数の推計を行った。そのモデルは以下のように定式化される。ここで、x_i は、教育水準の説明変数、$\lambda(x_i\pi)$ は逆ミルズ比となる。ここでは第1段階でパラメータである π をプロビット分析で推定し、$y_i > 0$ であるサンプルについて、最小自乗法を用いてパラメータ γ を推定する。さらにこのパラメータをもとに、観測されないデータを含め、教育水準や地価についてパラメータや推計値について、分析を行った。

$$y_i = x_i' \gamma + \sigma\lambda(x_i\pi) + \epsilon_i \qquad y_i > 0 \tag{8-3}$$

5．推定結果とその解釈

地域の教育水準の地価に対する影響を検証するため、まず、OLSによる分析、パネルデータ分析による分析を行った。分析結果は表8-2のとおりである。

OLS分析でも、地域の教育水準がその地域の住宅地の地価に正の係数を有意に示している。ただし、その地域の高い地価水準、住環境に惹かれて住民が居住し、その住民の子どもの教育水準が高いという、地価の上昇と同時にその地域の教育水準を押し上げ、OLSの分析による係数が過大に評価されている可能性がある。

第8章 都市居住における教育の価値 139

表8-2 教育水準の住宅地地価への影響分析

	Pooled OLS		パネルデータ分析 (固定効果モデル)	
	係数	t値	係数	t値
定数	5.834	100.07***	3.816	584.30***
教育水準	0.195	4.69***	0.065	5.66***
前面道路幅員	0.095	14.98***		
最寄駅までの時間	-0.315	-55.57***		
東京駅までの時間	-0.674	-60.43***		
容積率/100	0.144	25.78***		
第1種低層	0.586	49.76***		
第2種低層	0.519	17.31***		
第1種中高層	0.343	35.07***		
第2種中高層	0.532	29.30***		
第1種住居	0.189	20.74***		
第2種住居	0.507	32.87***		
準住居	0.189	9.37***		
地震危険度(レベル1)	0.353	13.59***		
地震危険度(レベル2)	0.186	7.28***		
地震危険度(レベル3)	0.086	3.32***		
地震危険度(レベル4)	-0.029	-0.92		
世帯密度/100	0.038	4.70***	0.007	2.91**
2010年	0.016	2.42**	0.016	10.05***
2009年	0.080	11.68***	0.073	45.37***
2008年	0.215	31.24***	0.206	129.16***
Adj.R^2	0.5444		0.6716(within) 0.0365(overall)	

注) ***、**、*はそれぞれ1％、5％、10％有意を示す

　パネルデータ分析では、教育水準の変数の内生性等を考慮しているが、そこでも、教育水準が住宅地の地価に対して、OLSの場合よりも数値が小さいものの正の効果を示していることがわかった。次に、データが特定の進学塾のデータに依拠していることに起因するサンプル・セレクション・バイアスの懸念に対応するため、2段階のヘックマン推定を行った。結果は、表8-3のとおりである。
　第1段階は、W塾に所属し、中学受験をして私立中学校等に入学する者が存在する小学校区であるかどうかをその地域の属性を示す説明変数で推定するものであり、いずれも予測した傾向に有意な値を示した。
　この推定を踏まえて、第2段階の推定として、まず教育水準の推定を行った。
　教育水準の説明変数として管理的専門的職業従事者や教養文化・官公庁施設の比率は仮説どおり正の係数を示したが、後者は有意とならなかった。また、逆ミ

表8-3　2段階のヘックマン推定による教育水準の推定

	OLS		ヘックマン推定	
	係数	t値	係数	z値
教育水準				
定数	54.609	378.38	54.624	302.26
管理的専門的職業従事者比率	2.273	3.54	2.263	3.50
教養文化・官公庁施設比率	0.398	1.20	0.398	1.21
私立中学等進学				
進学塾からの距離			-0.876	-58.60
自営業者割合			-2.467	-6.46
逆ミルズ比(λ)			-0.026	-0.13

表8-4　2段階のヘックマン推定による地価水準の推定

	係数	z値
地価		
定数	5.886	101.66
教育水準	0.199	4.87
前面道路幅員	0.096	15.32
最寄駅までの時間	-0.297	-52.08
東京駅までの時間	-0.669	-60.35
容積率	0.142	25.53
第1種低層	0.558	47.35
第2種低層	0.527	17.89
第1種中高層	0.323	33.10
第2種中高層	0.526	29.29
第1種住居	0.173	19.06
第2種住居	0.500	32.72
準住居	0.167	8.35
地震危険度（レベル1）	0.330	12.90
地震危険度（レベル2）	0.169	6.73
地震危険度（レベル3）	0.076	3.00
地震危険度（レベル4）	-0.036	-1.35
世帯密度	0.037	4.55
2010年	0.015	2.29
2009年	0.079	11.59
2008年	0.213	31.13
私立中学等進学		
進学塾からの距離	-2.462	-58.62
自営業者割合	-0.876	-6.44
逆ミルズ比(λ)	-0.160	-15.44

ルズ比はきわめて小さく、統計的にも有意ではなく、セレクション・バイアスはほとんど見出せないと考えられる。

さらに、地価推計への影響を見るため、第1段階のプロビット分析を前提に、第2段階の地価関数の推定を行った。結果は表8-4のとおりである。

結果を、表8-2のOLSと比較したが、係数は大きな変動はなく、セレクション・バイアスの影響を考慮しても、地価のヘドニック関数には大きな影響は生じていないといえる。

6．教育による資産価値の改善を図るための課題

本論文では、パネルデータ法を通じて、それぞれの地域の教育水準が地価水準にもたらす影響を検証した。この結果、1標準偏差の教育水準の評価の上昇は、0.17％の地価上昇効果が生ずることとなる[2]。この上昇効果は、その額の分だけその地域の教育水準の上昇について、居住者が金銭的に支払う意思を持っているかを反映しているとも考えられる。

こうした結論は、欧米において行われている分析とも整合的ではあるが、その程度には大きな差がある（前述のボストンでの先行研究では5％の成績上昇に2.5％上昇した家賃を払う意思があるとの結論であった）。日本の公立の小学校の場合、地域ごとの教師の定員などには生徒の数に対して大きな格差が生じないようにしていることや学校選択制度の導入も部分的であり、欧米の学校ほどには、学校間の学力の競争や教育の裁量が大きいわけではないが、それでも学校相互の学力差は存在し、それがある程度の資産効果をもたらしているといえる。この資産効果が大きなものかどうかは議論が分かれることも予想されるが、2008年の東京都の1住宅当たりの平均敷地面積は143㎡であり、1標準偏差分の上昇によって都区内の平均地価で1㎡当たり約900円、戸当たりで約13万円の効果が生ずることになる。

こうした地域の学力がもたらす地価への効果や資産効果を分析することは教育行政の制度設計や地域への影響を検討するうえで大きな意義を有するものであるが、現行制度では2つの点が大きな課題である。第1は、「全国学力・学習状況調査」をはじめとして、まだ地域の学力情報が開示されていない点である。第2に、学校選択制度がまだ全面的に導入されず、地域間の教育の競争が生まれていないという点である。

こうした課題を解決し、教育の効果の開示や学校選択制度等により地域間の教育競争を進めることは、教育の資産効果をより明らかなものとし、教育に関する便益を享受する機会の均等をもたらすのに役立つものと考えられる。また、公開情報をもとに、教育の教育水準と資産との関係をより詳細に分析することは、地域の住民の教育に関する効用の程度を的確に評価し、教育制度の制度設計を検討するうえで有益であるといえる。

注

1　学校選択制は、就学校の指定に当たり、就学すべき学校について、あらかじめ保護者の意見を聴取する制度。自由に学校を選択できる自由選択制からブロック選択制、特定地域選択制などさまざまな形態があり、選択した学校に必ず行けるわけではなく、学校の収容能力等から抽選等によることが多い。文部科学省が2012年に実施した調査によれば、全国で学校選択制を導入した教育委員会は、小学校で246委員会（15.9%）、中学校で204自治体（16.3%）となっている。東京都区部では19区が採用している。

2　パネルデータ分析（固定効果）の場合、教育推準の1標準偏差が2.435だから

$exp(0.06537 \times 2.435) - 1 \fallingdotseq 0.0017$

第 9 章
持続可能性の観点からの住宅リフォームの可能性

　居住における持続可能性は、第Ⅰ部で述べたコンパクトシティにおいてその主要な目的として取り上げたように、都市居住上の重要な価値である。ただし、その目的は、都市のコンパクト化のみによって実現できるとは限らない。
　個人による持続可能性の確保という公共目的の実現に資する行動がどのような場合に実現され、どの程度の効果をもたらすかを本章では分析する。

1. スマートシティや住宅・建築物の環境負荷低減に向けた取り組み

　都市のコンパクト化でCO_2の排出量を抑制できるかどうかについては、コストやそれに伴う新たな都市内での活動による環境負荷を見極める必要がある。

　必ずしも都市のコンパクト化だけにたよらないで、都市内の移動について、エネルギー消費やCO_2排出量を抑制する持続可能なまちづくりを進めようとする動きもあり、例えば千葉県柏市のように、情報システムを活用して効率的な人流・物流を作り出そうという動きも見られる。そうした環境負荷を抑えた都市として「スマートシティ」を形成すべきとの意見も見られるところである。

　都市の環境負荷を低減させるもう一つの方向性は、CO_2排出量の増加が著しい家庭部門や業務その他部門の多くを占める住宅や建築物の基準を強化し、省エネルギー・環境対応の住宅や建築物におけるエネルギーの使用の合理化を推進する方策が考えられる。

　1979年に制定されたエネルギー使用の合理化に関する法律にもとづき、国土交通省は省エネルギーに資する住宅の基準を1980年に定め、1992年、99年、2013年と改定してきた。この基準のなかでとくに強調されている内容としては、壁の断熱材を厚くすること、窓を合わせガラスあるいは二重窓にすることなどにより居住室の断熱性能を高めることが強調され、また基準にはなっていないが、太陽光発電設備の設置やコジェネレーション設備の設置は、化石燃料によるエネルギー消費を抑制し、CO_2の排出量の削減に資することが見込まれ、その設置も進められている。このような断熱性を備えた住宅や太陽光発電などが設置されている省エネルギー・環境配慮型の住宅は、その普及を進めるため、優良住宅取得支援制度（フラット35S）の類型の一つとして、金利を優遇する措置などが講じられてきている。

　ここで、どのような住宅を建設・取得し、居住するかは、それぞれの世帯の判断によるところが大きく、どのような家計の属性、経済的な事情が省エネルギー・環境配慮型の住宅の居住に影響しているかを解明することは、こうした省エネルギー・環境配慮型の住宅の普及を進めていくうえで重要な手がかりを提供するものと考えられる。

　住宅の居住を選択する際には、省エネルギー・環境配慮型の住宅かそれ以外の住宅かに居住するかのいずれかの選択に直面することが想定され、その選択はそれぞれの住宅に居住する際の建設費や居住の際のエネルギー消費に伴うコストの

合計額の相違に影響されると考えられる。その場合、アンケートなどで観測されるエネルギー消費量は実際に選択された住宅での結果のみが観測されており、それだけで分析を行った場合には、セレクション・バイアスを生ずるおそれがあることを注意する必要がある。

そこで、本章では、アンケート調査によって、一般世帯にそれぞれの世帯の経済状況、属性とともに、居住している住宅の省エネルギーの仕様・構造や電気、ガス、灯油の消費のために支出した額を把握し、どのような属性を有する世帯が省エネルギー・環境配慮型の住宅を選択しているかを推定するとともに、選択した住宅とそれ以外の住宅のエネルギー消費額の現在価値を2段階のヘックマン推定法を用いて同時推定する。次に、個人の属性とともに、それぞれの選択による住宅の建設費やエネルギー消費のコストの差異が省エネルギー・環境配慮型の住宅の居住の普及にどのくらいの影響を与えるかを不均一分散を前提とするプロビット分析（不均一分散プロビット分析）を用いて推定する。さらに、この推定をもとにして、省エネルギー・環境配慮型の住宅の費用についてどの程度まで支援を行えば、どの程度そうした住宅の普及が進み、省エネルギー効果、CO_2の排出量削減につながるかについて解明する。

2．既往の研究

欧米においては、エネルギー使用と家計の消費という観点で80年代からの分析が進められている。Scott（1980）やCapper and Scott（1982）は、住宅の光熱費の需要に影響する要因についてモデル化し、光熱費に影響する要因についてOLS（最小自乗法）による分析を行い、Hirst, Goeltz and Carney（1982）は、住宅のエネルギー消費の要因についてマイクロデータを用いて家計のエネルギー消費に影響を与える要因（所得、床面積、燃料費、気候要因）をOLSで分析した。

省エネルギーに関わる施策の効果に関しては、Dinan and Miranowski（1989）が、住宅の省エネルギーに対する改善策がどの程度の経済効果を有するかについてヘドニック分析を用いて明らかにした。また、Berkhout, Ferrer-Carbonell and Muskens（2004）は、家計の中での電力消費に係る割合を所得、住宅の中での行動様式、保有している電化製品をもとにその影響を分析し、そのモデルをもとにエネルギー消費への課税を行った場合の効果を検証した。Banfi, Farsi, Filippini and Jacob（2008）は、ロジットモデルを用いて、賃貸住宅、持家それぞれのサ

ンプルについて、どのような属性を有する居住者、住宅に省エネルギーに資する設備（換気施設）が設置されるかを推定している。

　日本では、都道府県単位でのエネルギー使用の要因を分析した三浦（2000）の研究があり、戒能（2007）は業務系の建築物の省エネルギー基準を設定することによる費用効果分析を行っているものの、マイクロデータを用いた家計単位でのエネルギー使用や省エネルギー化への取り組みとの関係についての分析は十分行われていない。

　ここでは、アンケートを通じて得られたマイクロデータをもとに、省エネルギー・環境配慮型の住宅への居住を選択するかどうかに関して、持家世帯を対象にして、どのような要因が省エネルギー・環境配慮型の住宅の選択に影響しているかについてプロビット分析を用いて推定する。その際に、その大きな要因と考えられる住宅のエネルギーの消費に要する費用については、現に選択されているカテゴリーの住宅に対応したエネルギー消費の額しか観測できず、この観測データのみで分析を行うとセレクション・バイアスが生じている可能性がある。そこで、2段階ヘックマン推定を用いて、エネルギー消費に要する費用の額と省エネルギー・環境配慮型の住宅への居住選択の確率を同時推定することにより、省エネルギー・環境配慮型の住宅とそれ以外の住宅とで生ずるエネルギーの消費に要する費用の差異を算出する。次に、不均一分散プロビット分析で、建設費も含めて、省エネルギー・環境配慮型の住宅とそれ以外の住宅を選択する場合に生ずる費用の差異が、省エネルギー・環境配慮型の住宅を選択する可能性に与える影響を推定し、省エネルギー・環境配慮型住宅を建設する費用を抑えるために一定の助成を講じた場合の政策効果を算出する。最後にエネルギー消費を抑制することで得られる CO_2 縮減効果と便益を算出する。

3．分析方法とデータ

　本分析においては、Banfi, Farsi, Filippini and Jacob（2008）にならい、省エネルギー・環境配慮型の住宅への居住を選択する要因について推定する。ここで「省エネルギー・環境配慮型の住宅」とは、壁面の断熱材を厚くし、窓ガラスを合わせか二重窓にすることにより断熱性能を高めたもの、太陽光発電やコジェネレーション設備を導入し、電力・ガス消費を抑制したものを対象とする。こうした省エネルギー・環境配慮型の住宅を他の住宅よりも選好し、居住する要因とし

ては、住宅の建設コストの差、住宅内のエネルギー消費に要する費用の差のほか、その世帯の所得水準、金融資産、建築年数、電力料金、ガス料金、灯油料金、住宅の省エネルギー性能・環境に対する選好が考えられる。このうち、世帯の所得水準や金融資産は、建設費が高くなると想定される省エネルギー・環境配慮型の住宅の取得にプラスに影響し、エネルギー関係の価格上昇はよりエネルギー消費量が少なくてすむ住宅に居住する方向に作用すると考えられる。また、省エネルギー・環境配慮型の住宅は時間の経過とともに普及していくことから、建築年数が小さいものほど省エネルギー・環境配慮型住宅であると考えられる。

住宅建設に要する費用については、現に建築されている住宅の建設に要した費用しか観測されない。ただし、省エネルギー・環境配慮型かどうか、住宅の規模、構造などは認識されていることから、OLS分析を通じて、省エネルギー・環境配慮型の住宅とそれ以外の住宅との建設費の差異を把握することは可能である。

ただし、エネルギー使用に要した費用の合計額は、後述のアンケート調査を通じて、居住している世帯が選択した住宅に関するエネルギー消費のコストは統計上認識できるものの、比較の対象となったもう一つの住宅の費用は統計上認識できず、統計上現れた費用のみを分析の対象とした場合、セレクション・バイアスを生ずることになる。

そこで、2段階ヘックマン推定とプロビット推定を通じて省エネルギー・環境配慮型の住宅の選択問題とその選択の判断の大きな要素であるエネルギー消費額の解明を目指すこととする[1]。

具体的には、第1段階として、省エネルギー・環境配慮型の住宅の選択に関して2段階ヘックマン推定を行う。この推定は、2つの推定を同時に推定するものであり、まず第1に、その住宅の選択について建築年数、住宅の省エネルギー・環境に対する選好、危険回避度、時間選好率、床面積、居住室、平均気温、電力価格水準、ガス価格水準、灯油価格水準（それぞれ全国平均を100とする指数）、年収、金融資産で推定を行い、第2に、その住宅の選択に深く関わっていると考えられる省エネルギー・環境配慮型の住宅とそれ以外の住宅のエネルギー消費に関わるコストを床面積、居住室、住宅が立地する地域の平均気温、電力価格水準、ガス価格水準、灯油価格水準、年収、金融資産といった説明変数によって推定することにより、統計に直接現れないもう一つの選択肢であった住宅のエネルギー消費に要する費用（エネルギー消費額）を推定する。

次に第2段階として、第1段階での推定した省エネルギー・環境配慮型の住宅のエネルギー消費にかかる費用の合計とそれ以外の住宅の費用との差額を算出し、

図9-1 分析のフロー

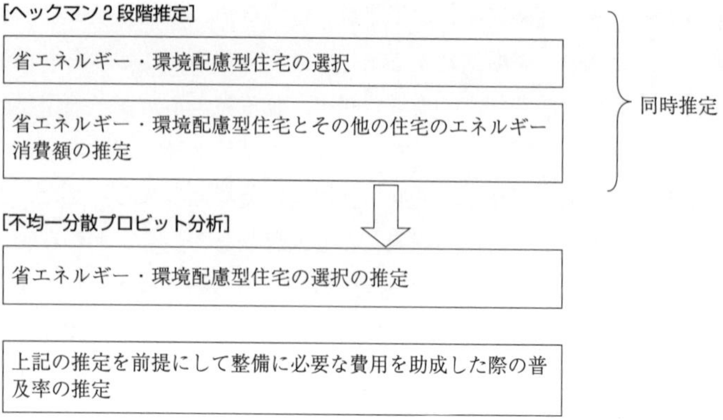

```
[ヘックマン2段階推定]
 ┌──────────────────────────────┐
 │ 省エネルギー・環境配慮型住宅の選択           │
 ├──────────────────────────────┤ ┐
 │ 省エネルギー・環境配慮型住宅とその他の住宅のエネルギー │ ├ 同時推定
 │ 消費額の推定                     │ ┘
 └──────────────────────────────┘
[不均一分散プロビット分析]
 ┌──────────────────────────────┐
 │ 省エネルギー・環境配慮型住宅の選択の推定        │
 └──────────────────────────────┘
 ┌──────────────────────────────┐
 │ 上記の推定を前提にして整備に必要な費用を助成した際の普 │
 │ 及率の推定                      │
 └──────────────────────────────┘
```

この差額と建築年数、省エネルギー・環境に対する選好、危険回避度、時間選好率を説明変数として省エネルギー・環境配慮型の住宅を選択する可能性について不均一分散プロビット推定を行う（図9-1参照）。

　ヘックマン推定、不均一分散プロビット推定、それぞれの推定式は以下のとおりである。

［ヘックマン2段階推定式］

　以下の（9-1）、（9-2）、（9-3）式を同時推定

$$\Omega^i = X^i\beta^i + u^i_1 \tag{9-1}$$

　Ω^i：省エネルギー・環境配慮型の住宅とそれ以外の住宅それぞれを選択する確率を推定。それぞれの住宅を選択する場合、$\Omega＝0$ならば選択、$\Omega \leq 0$ならば選択しない（省エネルギー・環境配慮型の住宅は$i＝e$、それ以外の住宅は$i＝n$）。選択確率P_rは以下の式で計算される。

$$P_r = \Phi(X^i\beta^i) \tag{9-2}$$

　Φ：累積密度正規分布
　X^i：説明変数
　β^i：推定パラメータ
　u^i_1：誤差項

　下記の住宅のエネルギー消費に要する費用の推定式を部分標本を前提に推定する。

$$Amount^i = Y^i \gamma^i + u_2^i \tag{9-3}$$

$Amount^i$：エネルギー消費に要する費用（省エネルギー・環境配慮型の住宅は $i = e$、それ以外の住宅は $i = n$）
Y：説明変数
γ：推定パラメータ
u_2^i：誤差項

[不均一分散プロビット推定式]

　ヘックマン推定で推定された省エネルギー・環境配慮型の住宅およびそれ以外の住宅のエネルギー消費に要する費用と OLS 分析を経て算出されたそれぞれの住宅の建設費との合計額を導出し、それぞれの住宅の費用の合計額の差額を説明変数に組み入れた省エネルギー・環境配慮型住宅の選択に関わるプロビット分析を行う。その際には、住宅が建設された時期によって選択に相違が生じ、その結果不均一分散が生ずる可能性が高い。そこで、本分析では Harvey（1976）が提示した不均一分散プロビット分析を行う。その推定式は下記のとおりとなる。

$$\Omega = Z\alpha + \delta(Totalcos\,t^e - Totalcos\,t^n) + \varepsilon \tag{9-4}$$

Ω：省エネルギー・環境配慮型の住宅を選択する確率を推定。$\Omega > 0$ ならば選択、$\Omega \leqq 0$ ならば選択しない。選択確率 P_r は以下の式で計算される。

$$\begin{aligned}P_r &= \Phi((Z_a + \delta(Totalcost^e - Totalcost^n))/exp(V\eta))) \\ \text{s.t.} \quad &\sigma^2 = \{exp(v_\eta)\}\end{aligned} \tag{9-5}$$

Φ：累積密度正規分布
σ^2：サンプルの分散
V：説明変数（建築年数）
η：推定パラメータ
Z：エネルギー消費額と建設費との合計額の差以外の説明変数
$\alpha,\ \delta$：推定パラメータ
ε：誤差項
$Totalcost^i$：住宅のエネルギー消費額と建設費との合計額（省エネルギー・環境配慮型の住宅は $i = e$、それ以外の住宅は $i = n$）。エネルギー消費に要する費用は日本における住宅の平均的使用年数である30年間（平成19（2007）年度国土交通白書）の費用を一般的な社会的割引率である4％で現在価値を算出。住宅の建設費については、省エネルギー・環境配慮型の住宅にした場合とそれ以外の住宅にした場合のそれぞれについて下記の OLS モデルで推定

$$Concost = \lambda W + \xi \tag{9-6}$$

表9-1 サンプル全体の記述統計

	平均	標準偏差	最小	最大
住宅取得に要した費用（万円）	4482.02	3323.76	1000	50000
建築物部分の費用（万円）	2563.38	2343.46	884.27	43703
借入金（万円）	2180.13	2468.76	0	39000
エネルギー消費の支出（円/月）	25696.29	13062.38	0	90000
電力消費支出（円/月）	13841.88	8321.31	0	80000
ガス消費支出（円/月）	7155.30	5998.9	0	34000
灯油消費支出（円/月）	4699.11	7607.19	0	60000
年収（万円）	824.01	595.66	0	12000
金融資産（万円）	1654.62	2563.60	0	50000
平均気温（1月時点）	4.421	2.822	-4.3	18.5
構造（木造）	0.629	0.483	0	1
構造（鉄筋コンクリート）	0.108	0.311	0	1
構造（鉄骨造）	0.049	0.217	0	1
構造（鉄筋鉄骨コンクリート）	0.092	0.289	0	1
構造（軽量鉄骨）	0.111	0.314	0	1
建築年数（年）	10.548	5.773	0	20
居住年数（年）	9.940	5.651	0	20
床面積（㎡）	123.257	57.737	20	460
居住室数	5.389	1.688	1	20
通勤時間（分）	34.268	31.305	0	240
学歴（大学卒以上、ダミー）	0.583	0.493	0	1
省エネルギー等の性能への選好	0.115	0.319	0	1
省エネルギー・環境配慮型住宅への選択	0.275	0.447	0	1

$Concost$：住宅の建設費
λ：推定パラメータ
W：説明変数
ξ：誤差項

　分析で使用するデータとしては、住宅に居住する世帯の属性、居住環境、エネルギー使用状況に関するデータを収集するため、2008年2月にアンケート調査を実施した。本アンケートは過去20年以内に持家を取得し、現在まで居住している者を対象に、インターネットにより発信、回収したものであり、サンプル数は1091件である[2]。その記述統計は表9-1、表9-2のとおりである。このうち、本章の分析の対象となる「省エネルギー・環境配慮型の住宅」については、先述のように断熱性能を備えたものと太陽光発電等の設備を備えたものがあるが、前者については、合わせガラスや二重窓を備え、住戸内に結露を生じていないと回答した者を、後者については、太陽光発電あるいはコジェネレーション設備を設置していると回答した者を対象としている。

表9-2　省エネルギー・環境配慮型住宅とそれ以外の住宅の比較

	省エネルギー・環境配慮型住宅の平均値	左記以外の住宅の平均値
サンプル数	300	791
住宅取得に要した費用(万円)	4608.80	4433.93
建築物部分の費用(万円)	2674.75	2521.15
借入金(万円)	2454.12	2076.22
エネルギー消費の支出(円/月)	26127.74	25532.65
電力消費支出(円/月)	15064.74	13378.09
ガス消費支出(円/月)	5243.66	7880.32
灯油消費支出(円/月)	5819.33	4274.25
年収(万円)	814.08	827.78
金融資産(万円)	1828.20	1588.79
平均気温(1月時点)	3.323	4.838
構造(木造)	0.710	0.598
構造(鉄筋コンクリート)	0.050	0.130
構造(鉄骨造)	0.043	0.052
構造(鉄筋鉄骨コンクリート造)	0.043	0.110
構造(軽量鉄骨)	0.137	0.101
建築年数(年)	7.400	11.742
居住年数(年)	7.133	11.005
地域(首都圏)	0.313	0.389
地域(中部圏)	0.063	0.080
地域(近畿圏)	0.090	0.183
床面積(㎡)	135.249	118.709
居住室数	5.540	5.331
通勤時間(分)	31.730	35.230
学歴(大学卒以上、ダミー)	0.577	0.585
省エネルギー等の性能の選好	0.187	0.087

注)サンプル数以外は平均値

　また、省エネルギー・環境に対する選好については、住宅に居住する際に第1に重視する事項として、「住宅の構造の安全性、耐熱性や省エネルギー、高齢者への配慮といった性能」を掲げた者をダミー変数としている。

　危険回避度は、Kimball, Sahm and Shapiro (2005) の手法に準拠し、① 50％の確率で報酬が30％、50％上昇するか、10％減少するという選択肢と② 5％必ず報酬が上昇するという選択肢とどちらを選択するかという質問を行い、その情報をもとに危険回避率を計測し、説明変数の要素とした[3]。

　時間選好率については、それぞれの個人に対して、-5％、0％、0.1％、0.5％、1％、2％、6％、10％という金利のもとで、100万円の債務を支払う時期を1カ月後にするか、13カ月後にするかという質問を行い、そこで得られた情

報をもとに時間選好率を計測する[4]。

(3) 分析結果

　2段階のヘックマン推定の結果は、表9-3のとおりである。
　まず、省エネルギー・環境配慮型の住宅のエネルギー消費に要する費用の合計額については、住宅の床面積、居住室、電気料金水準に関して有意に正の係数を示し、平均気温に関しては負に有意な係数を示している。これらの変数は、住戸内の光熱費に影響を与えていることを示している。すなわち、気温が低く、寒冷な地域に立地する住宅では、光熱費に要する費用が大きくなる傾向があることがこの分析からも示されている。
　次に、省エネルギー・環境配慮型の住宅の選択に関しては、省エネルギー・環境に対する選好、電力、ガス料金、金融資産が正の係数、建築年数、住宅の立地する地域の平均気温、危険回避度が負の係数であることを有意に示している。また、建築年数は省エネルギー・環境配慮型の住宅の普及は年代を重ねるごとに進行していること、そして省エネルギー、環境への選好はその傾向が実際の住宅の選択行動にも反映されることを示している。さらに、平均気温や電力価格水準はこれらの変化が光熱費に直結し、最終的には住宅の選択行動にまで影響することを示している。金融資産に関しては、省エネルギー・環境配慮型の住宅の高い建築仕様の取得能力を示している。
　危険回避度に関しては、有意に負の係数を示している。省エネルギー・環境配慮の住宅とするためにあえて多くの投資を行っており、その意味でリスク選好的ということができる。また、時間選好率については有意ではないが、負の係数を示している。当初に多少費用がかかっても、住宅の省エネルギー効果によって将来の光熱費の負担を抑制しようとする結果と考えられる。
　ヘックマン推定を行うことにより、各世帯が省エネルギー・環境配慮型の住宅とそれ以外の住宅の建設費やエネルギー消費の費用の差額を推計することが可能になる。
　ヘックマン推定の結果では、エネルギー消費の費用に関しては省エネルギー・環境配慮型とその他の住宅との月平均の差額は約1万3900円程度であり、平均的なエネルギー消費額の50％以上が節約される。建築物の平均的使用期間である30年間住宅に居住し続けた場合には現在価値で平均約230万円の経費の縮減が図られる[5]。省エネルギー・環境配慮型の住宅のうち、断熱性能の高いものは99年に当時の建設省が定めた省エネルギーの基準と対応するものであり、99年基準の住

表9-3 ヘックマン推定の結果

	省エネルギー・環境配慮型住宅		省エネルギー・環境配慮型住宅以外の住宅	
	係数	標準偏差	係数	標準偏差
エネルギー消費額				
床面積(対数値)	0.243**	(0.120)	0.211***	(0.069)
居住室(対数値)	0.555**	(0.218)	0.274**	(0.123)
	-0.080***	(0.019)	-0.058***	(0.014)
平均気温	3.948**	(1.961)	0.951	(0.914)
電力価格水準	-0.472	(0.363)	0.165	(0.224)
ガス価格水準	0.261	(1.132)	-0.671	(0.660)
灯油価格水準	0.045	(0.072)	0.029	(0.062)
年収(対数値)	0.013	(0.030)	0.011	(0.013)
金融資産(対数値)	3.563	(2.714)	5.706**	(2.376)
定数項				
省エネルギー・環境配慮型住宅の選択				
建築年数	-0.096***	(0.009)		
省エネルギーへの選好(ダミー)	0.390***	(0.133)		
危険回避度	-0.011**	(0.006)		
時間選好率	-0.650	(1.247)		
床面積(対数値)	0.363***	(0.114)		
居住室(対数値)	0.387*	(0.210)		
平均気温	-0.086***	(0.019)		
電力価格水準	5.175***	(1.576)		
ガス価格水準	0.656*	(0.347)		
灯油価格水準	-0.810	(1.050)		
年収(対数値)	-0.193*	(0.081)		
金融資産(対数値)	0.046*	(0.024)		
定数項	-5.706**	(2.376)		
逆ミルズ値	0.353***	(0.130)	-0.446***	(0.116)

Wald χ^2 値 = 150.06 (省エネルギー・環境配慮型住宅の推定)
Wald χ^2 値 = 156.76 (省エネルギー・環境配慮型住宅以外の住宅の推定)
注) ***、**、*はそれぞれ1%、5%、10%有意。「省エネルギー・環境配慮型住宅以外の住宅」の「省エネルギー・環境配慮型住宅の選択」に関わる係数は、「省エネルギー・環境配慮型住宅以外の住宅」の係数と符号が反対で、絶対値は同様の数値となる

宅のエネルギー消費は、国土交通省の試算によれば、80年の基準を満たさない住宅のエネルギー消費の52%程度に抑制されるといわれている。その点で今回の推計は、この試算を裏づけるものと考えられる。

　2段階のヘックマン推定を踏まえて、省エネルギー・環境配慮型の住宅におけるエネルギー消費に要する費用および建設費の合計額とそれ以外の住宅におけるそれらの費用の合計額の差額を算出し、この差額が省エネルギー・環境配慮型の住宅を選択する確率に与える影響を推定するため、不均一分散プロビット分析を

表9-4 建設費の推定結果（OLS）

	係数	標準誤差
新築（ダミー）	0.209***	(0.051)
構造（木造以外）	0.128***	(0.046)
床面積（対数値）	0.255***	(0.033)
居住室数（対数値）	0.474***	(0.063)
地域ダミー（首都圏）	0.220***	(0.031)
地域ダミー（中部圏）	0.060	(0.052)
地域ダミー（近畿圏）	0.148***	(0.039)
戸建て（ダミー）	-0.081	(0.061)
省エネルギー・環境配慮型住宅（ダミー）	0.126***	(0.030)
防災警報設備（ダミー）	0.825**	(0.038)
高齢者配慮の施設（ダミー）	0.049	(0.058)
免震構造の住宅（ダミー）	0.145***	(0.039)
定数項	5.286***	(0.160)

F値＝26.23　Prob＞F＝0.0000
注）＊＊＊、＊＊、＊はそれぞれ1％、5％、10％有意を示す

行う。

　この分析を行う前提として、省エネルギー・環境配慮型住宅とそれ以外の住宅の建設費の推計を行うため、OLSによる分析を行った。結果は表9-4のとおりである。

　この分析の結果、建設費については省エネルギー・環境配慮型の住宅のほうが同程度の規模、構造等の属性を有する住宅に比べ、約300万円費用が高くなることがわかった[6]。記述統計の段階で行った省エネルギー・環境配慮型の住宅とそれ以外の住宅の建設費の平均の差は約150万円であるが、それぞれの種類の住宅の規模、構造等には差異があることを考慮すべきである。アンケートで住宅の取得後に省エネルギー関係のリフォームを行った場合の工事費を尋ねたところ平均で約356万円であり、リフォームに伴う除却等の費用を含めて考えれば、この推計とほぼ整合的である。

　次に、算出された省エネルギー・環境配慮型住宅の建設費と第1次のヘックマン推定で推計されたエネルギー消費に要する費用の合計額とそれ以外の住宅の費用の合計額との差異が省エネルギー・環境配慮型の住宅を選択する確率にどのような影響を与えるかについて不均一分散プロビット分析を用いて推定した。この推定は、省エネルギー・環境配慮型住宅を居住者が選択するかどうかを判断する際に、その住宅を整備することによるコストとそれに伴うエネルギー消費額の節減効果というメリットを比較して決定することを仮説としている。表9-5の推

表9-5 省エネルギー・環境配慮型住宅の選択確率の推計

	係数	標準誤差
費用の差(百万円)	0.296***	(0.076)
建築年数	-0.181***	(0.032)
省エネルギーに対する選好	0.739***	(0.198)
危険回避度	-0.008	(0.008)
時間選好率	-0.184	(1.814)
定数項	0.771***	(0.177)

	係数の変化	標準誤差	説明変数の平均
費用の差(百万円)	0.052***	(0.014)	-61.627
建築年数	-0.021***	(0.003)	10.548
省エネルギー・環境に対する選好	0.147***	(0.042)	0.115
危険回避度	-0.001	(0.001)	10.366
時間選好率	-0.032	(0.319)	-0.002

Wald χ^2 値 = 45.67
注) ***、**、*はそれぞれ1％、5％、10％有意を示す

計結果が示すとおり、省エネルギー・環境配慮型の住宅を選択した際の費用と他の住宅を選択した場合の費用の差異は、平均して約60万円前者のほうが高いものの、その費用の差異は省エネルギー・環境配慮型住宅の選択に関して正の係数で有意となっており、その差異が縮小し前者を選択することがより有利になれば、省エネルギー・環境配慮型住宅を選択するとの仮説を裏づけるものとなっている。

これまでの推定式に従えば、省エネルギー・環境配慮型住宅の取得に関して、何らかの助成を行えば、こうした住宅の選択がより有利になり、省エネルギー・環境配慮型住宅への選択が進み、普及が進んだ結果、省エネルギーやCO_2排出量の削減に寄与することが予測される。助成を行わない場合と50万円、100万円、200万円の助成を行う場合について予想される省エネルギー・環境配慮型住宅の選択確率を、Amemiya (1985) が示す方法に従って推定した[7]。結果は図9-2のとおりである。

これによれば、助成を行わない場合には、その選択の確率は、27.0％にとどまるが、助成額が変化するにつれて増大し、省エネルギー・環境配慮型住宅に要する費用のほぼ半分程度に当たる200万円を助成した場合、普及率はほぼ40％にまで達する計算となる。

図9-2 省エネルギー・環境配慮型住宅の選択確率の変化

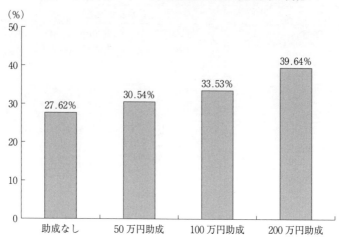

4．今後の課題

　以上の分析から、省エネルギー・環境配慮型の住宅に関しては、エネルギー消費の縮減に大きな効果が生ずることがわかった。推計の結果、省エネルギー・環境配慮型住宅の場合、その他の住宅と比較して、月平均で1万3900円程度の負担の減少となっている。

　ただし、前述のとおり、省エネルギー・環境配慮型住宅の建設費は、通常の住宅よりも多くの費用がかかり、仮に、居住者が毎年エネルギーを消費する額の負担の軽減が見込まれ、例えば、日本における建物の平均寿命にほぼ該当する30年間その住宅に居住したとしても、建設費が余分にかかった分をエネルギー消費額の軽減分で回収することは困難であり、平均して約167万円の損失が生ずる。この省エネルギー・環境配慮型の住宅を選択している率が27.0％にとどまっているのもこの状況が反映しているといえる。ここで、例えばより長期間居住を継続すれば、その損失もエネルギー消費額の負担の軽減によって回収することは可能である。しかし、時間選好率が高い居住者の場合、そこまで長期間にわたって居住を継続して当初の大きな支出を回収しようする行動はなかなかとりづらい。

　もっとも、こうした個人の費用負担の省エネルギー・環境配慮型の住宅の整備が進んだ場合、そのことは、家計の光熱費に対する支出が抑制されるだけでなく、冬場の結露等の生活上の不便が改善されるなどの個人的な効用の増加も伴うほか、

エネルギー消費量が抑制され、CO_2排出量の削減にも貢献することになる。今回の推計では、エネルギー消費額の1万3900円の削減を平均的な家計の電気、ガス、灯油の使用実態に当てはめて計測すれば、電力消費量では約360kWh削減（CO_2排出量の削減では141kg）、ガス消費量では約27.0㎥の削減（CO_2排出量の削減では56.3kg）、灯油消費量では約30ℓの削減（CO_2排出量の削減では74.5kg）に相当し、CO_2排出量の総計としては271.8kg（年間2.49トン）となる。

CO_2排出量の削減については、CO_2のトン当たりの削減することによる便益は、諸外国の事例などの平均では約1.1万円とされており[8]、年間の便益で約2.74万円、30年間にわたる居住では現在価値で44.74万円となる。

ただし、この分析に関しては、一時点のみのアンケート調査にとどまり、時点ごと、季節によるエネルギー消費の変化にまで踏み込んだ分析はデータの制約があり、家計調査で補正した。今後、年間を通じたエネルギー消費のデータを蓄積して分析していくことが望ましい。

いずれにせよ、住宅のエネルギー消費については、その割合は産業用のエネルギー消費に比べて小さいが、最近はその消費量は急速に増大しつつあり、省エネルギーの観点からも、CO_2排出量の削減の観点からもその削減は需要な意義を有するものであり、その消費のメカニズムの精査は重要である。

注

1　Heckman（1979）は、労働時間決定のモデルを構築するときに関係する市場賃金を計測するとき、実際の賃金だけでは就業を選択した労働者の賃金しか計測できず、就業を選択しなかった労働者の賃金が観測できないことからそこにセレクション・バイアスが生ずることを指摘した。

　本章におけるエネルギー消費額の推定の問題も基本的に同様であり、実際に選択された住宅だけで、エネルギー消費額を推定すれば同様にセレクション・バイアスを生ずることとなる。こうしたセレクション・バイアスを修正する方法として、本稿では、Greene（2003）において示されている2段階ヘックマン推定の手法によることとした。

2　アンケート調査は、調査会社に登録しているモニターの方のなかから年齢構成や職業構成が国勢調査等の構成に合致するように抽出した1万6578人に対して、現在居住している住宅や居住意向に関するインターネットによるアンケートを行い、回答のあった者（4528人、回収率27.3％）のうち、過去1988年以降に住宅を取得したとの回答を得た1091件を対象とした分析である。ここで、国土交通省が持ち家世帯を対象に実施した「住宅市場動向調査」の個別データの分布状況では住宅取得費用が1000万円未満のものや床面積20㎡未満の住宅などはほぼ存在せず、この調査より少ないサンプルの本研究のデータがこうした値を示すことは現実的ではないので、異常値としてサンプルから除外した。

3　危険回避度は、Kimball et al.（2005）で行われた手法に準拠し、質問の回答から、回答者が持ちうる危険回避度の範囲を設定する。例えば、5％確実に報酬が上昇する選択肢と50％の確率で50％報酬が上昇するか10％報酬が減少する選択肢を示されて後者を選ん

だ回答者は、危険回避度一定型の効用関数を仮定すると、以下の等式で求める γ の値が危険回避度の上限となる。

$$0.5\frac{1.5^{1-\gamma}}{1-\gamma}+0.5\frac{(1-0.1)^{1-\gamma}}{1-\gamma}=\frac{(1+0.05)^{1-\gamma}}{1-\gamma}$$

　同様の手順で危険回避度の範囲を求め、その逆数を危険許容度とし、その危険許容度が対数正規分布に従うと仮定し、その分布のもとで各回答者のカテゴリーについて危険許容度の期待値を求め、その逆数を危険回避度の期待値とした。

4　時間選好率は、池田・大竹・筒井（2005）の考え方に準拠し、質問の回答から得た各個人の時間選好率の範囲が正規分布に従うと仮定し、その分布のもとでの各範囲の時間選好率を求める。

5　ヘックマン分析で推計されたエネルギー消費額から家計調査の月別地域別エネルギー消費額のデータを使用して1年間のエネルギー消費額を推計し、30年間居住した場合のエネルギー消費額の現在価値を算出した。

6　省エネルギー・環境配慮型住宅整備に要する費用（Cost）は、以下の推定式により算出し、その平均値が294万円である。

$Cost = exp(x\beta) - exp(x\beta - 0.126)$：省エネルギー・環境配慮型住宅
$Cost = exp(x\beta + 0.126) - exp(x\beta)$：上記以外の住宅

7　Amemiya（1985）は、プロビット推定を経て、想定される個別の選択を集計した場合の全体の選択の予測値の分布が以下のような正規分布に近似できることを示している。

$r = N[n^{-1}\sum_{i}^{n}F_i, n^{-2}\sum_{i}^{n}F_i(1-F_i)]$
　　r：予測値　　n：サンプル数
　　F_i：個別サンプルにおける累積密度関数

　本推計は、この式を用いて、助成金の額を変化させることで各個人による省エネルギー・環境配慮型住宅の選択結果への影響を集計し、助成金の変化が与える利用者全体の省エネルギー・環境配慮型住宅の選択確率への影響を推計した。

8　Tol（2005）はトン当たりの CO_2 の限界被害費用の研究事例を分析し、すべての平均をトン当たりで1万880円としている。

終 章
これからの都市や住生活にふさわしい資産マネジメント

> コンパクトシティ形成や都市居住の改善を進め、都市の住民が快適な住生活を営むことを可能とするためには、それにふさわしい資産マネジメントの体系化が必要である。
> この体系は、行政だけで決めるものではなく、官民が連携して戦略を立てて、明確な役割分担のもとで実行する必要がある。さらに実行後の結果を適切に評価し、次の戦略、事業に反映するという仕組みを確立することが必要である。

1. 人口減少・高齢化下の都市居住のあり方

　人口減少・高齢化に伴って、将来の都市やそこで暮らす住民の住生活がどのようになるかの予測は難しいが、少なくとも現状の出生率の推移を見る限り、今後50年程度の長期にわたってただちに人口が回復できる状況ではない。また日本の国土構造は、東京などの大都市に高度な業務機能が集中しており、若年者を中心に人口移動が持続的に発生する傾向にある。こうした状況下では、地方を中心に都市の人口が減少していかざるをえない。しかも第Ⅰ部でも述べたように、高度経済成長期に郊外に住宅市街地が拡大してきた歴史があり、都市の人口が減少した場合、郊外部に存在する世帯の多くは地価や家賃が高いために住居を中心部に移転することは困難な状況にある。こうした状況のもとで、市街地が分散することに起因する財政支出の増大や経済活動の衰退が懸念される。

　50年先の都市が経済活力を維持増進させ、環境負荷が小さく、持続可能な財政を確保するためには、コンパクトシティを形成していくことがより現実的な方策である。しかし、一度郊外部に居住している住民を中心部に集めるという都市のコンパクト化は、経済上の負担の増加を伴うものであり、容易なことではない。また、都市の住民の側から見れば、単に市街地や人口が集中すればよいというものではなく、学校、図書館・公民館、医療・福祉施設などの行政サービスが住民から身近な場所にあり、比較的短い時間で移動可能である快適な都市居住の生活機能が確保されるものでなければならない。

2. コンパクトシティや次世代の都市居住にふさわしい資産マネジメント

　コンパクトシティの形成し、次世代の都市居住を実現するためには、ここまで述べてきたように単純に住宅市街地を中心部に集約するために規制を強化したり、経費の一部負担することなどの方策は、コストに見合うメリットが得られず、賢明な方策とはいえない。

　高度経済成長期の都市であれば、人口や市街地の拡大に併せて、地方自治体が必要な社会資本を整備していく手法が妥当であった。しかし、広範に広がった市街地に社会資本が整備されている状況下では、すでに所与となっている資産の最適な配置と利用を図るマネジメントが必要である。それは例えば、学校、公民館

や図書館などの公共施設を市街地の中心部に集約化・再編化させることや人口や市街地の集中化を図りながら、中心市街地の空き家・空き店舗の活用を図り、都市内部での利用価値の上昇を図っていく試みが考えられる。

こうした資産マネジメントというべき取り組みを進めていく際には、都市の住宅市街地の広がり、公共施設の配置の状況を踏まえて、その都市の持続的な発展を可能とするための戦略を立てて、その戦略を実施するための体制を整備することが必要である。その際には、行政が中心ではなく、民間の多様な主体、民間企業、NPO、大学等の主体が連携し、行政がこれをサポートする体制が求められる。

その意思決定の形態としては、官民の多様な主体が、いくつかのトピックごとにワークショップを作って議論をしながら共通のコンセンサスを形成していく方策が望ましく、例えば岩手県盛岡市で採用された市民討議会での政策検討は参考とすべき事例である。この討議会は、住民基本台帳から無作為で抽出された20歳以上の住民3000人に参加の案内を行い、そのなかで応募のあった市民について、抽選を経て、50名程度の方に参加していただくというものである。そこでは、まちづくりの在り方に少人数のグループに分かれて、まちの課題について話し合い、そこで出された意見を集約してまちづくりに生かしていくことになる。

例えば老朽化が進み、すべての施設維持が難しい公共施設のあり方をテーマとしたものでは、施設の現地視察や専門家を招いての情報提供を受けたうえで参加者が課題に対する認識を深め、それぞれの意見をグルーピングしながら整理して複数の解決策を打ち出し、最後に参加者全員で複数の解決策に対して投票を行い、提言をとりまとめている。

3．官民連携による取り組みの推進

2で述べた過程を経て形成された地域の戦略を踏まえて、将来の公共施設の配置、統合・再編や立地、維持更新の状況、都市の中心部の都市機能や居住機能の充実・強化のための取り組みを推進していくことが必要であるが、従来のように単純に公共施設のストックを積み増していくだけではなく、公的な資産の処分、再利用、官民の施設の合築や遊休不動産の活用など取り組みが求められ、行政のみの対応では不十分である。民間の知恵や資金を活かした官民連携による取り組みが必要である

この点、イギリスにおいては、LEPs（Local Enterprise Partnerships）と呼ば

れる官民連携の組織が地域のマネジメントを行っているが、こうした団体が官民連携の参考になる。この団体は、地域の経済成長と雇用創出に向けて、地域の経済にとって何が重要かを検証し、「地域の成長戦略（Strategic plans for local growth）」を策定し、実施している。この組織は、法的根拠もなく、地域の中で設置の法形式は任意とされている。ただし、理事会は自治体、地元経済界、市民団体などで構成され、理事長は地元経済界代表者が就任し、理事会の過半数は民間からの出身者が占めることとされている。このLEPsの大きな役割は、地域の経済にとって何が重要なのかを議論し、「地域の成長戦略（Strategic Plans for Local Growth）を策定することであり、この戦略をもとに個々の構成主体（地方自治体、企業など）が戦略に定められた個々のプロジェクトを実施することになる。また、LEPsは、地域に必要な交通インフラの投資の優先順位決定、国が定める都市計画方針（National Planning Policy Framework）への意見、地域産業に対する規制の緩和・運用などもある。

　このLEPsの資金源としては、国からの補助金であるが、よい計画案を広く民間やLEPsなどに公募し、地域の成長のために有益なプロジェクトであると評価された提案に対して補助金を重点的に交付する仕組みである。この一例としてRegional Growth Fund（RGF）と呼ばれる補助金は、公共支出の削減により特に影響を受けている地域・コミュニティを民間主導の成長に移行させるため支援する制度であり、2011～2015年に27億ポンドを配分している。さらに、英国政府は、2016年～2021年に総額73億ポンドのLocal Growth Dealと呼ばれる使途に限定のない単一資金を配分することとしている。

　LEPsの地区を限定した特例制度としてエンタープライズ・ゾーン（Enterprise Zone）が設けられている。この制度はLEPsが国に申請し、成長性・新規産業・雇用創出力の観点から審査を行い、承認される。現在24のエンタープライズゾーンが設けられ、その地区内では、ビジネス・レート（事業税）の5年間免除、都市計画手続の緩和、超高速ブロードバンドの整備、将来の事業税収入を見込んだ借入、事業税収入のLEPsによる25年間留保と活用などが認められている。

　こうした官民連携の枠組みは、郊外に拡がった公的施設を中心部に集約再編し、老朽化施設の改修を行いながら、都市の内部で都市や居住の機能を強化するプロジェクトを行う際にも利用可能と考えられる。

　国内の例でいえば、例えば岩手県紫波町のPFI（Public Finance Initiative）による事業においては、官民の施設を合同で整備し、民間の店舗の事業と公共団体の文化施設を運営する事業を実施しており、都市のコンパクト化、公共施設の再

終　章　これからの都市や住生活にふさわしい資産マネジメント　163

図終-1　岩手県紫波町 PFI 事業の概要

[官民の役割]

	特別目的会社（SPC）の所有	紫波町の所有
施設建物	民間施設（店舗・サービス施設）	地域交流館・図書館等
資金調達	(1) 出資金　政府系金融　テナント敷金等 (2) 借入 　①制度融資（政府系金融） 　②市中銀行	(1) まちづくり交付金 (2) 起債 (3) 町の単独費
施設整備	オガール紫波株式会社（町出資株式会社）	
管理運営	オガール紫波株式会社	町およびオガール紫波
土地所有	紫波町	
土地権利	事業用定期借地権	紫波町

[事業ストラクチャー]

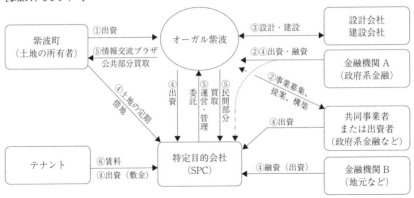

出典：オガール紫波株式会社 HP

編と中心部の都市再生を同時に行おうとする際には参考になる事例といえる（図終-1）。

　海外の事例でも、都市の中心部の駅を官民が連携して民間の施設を入れることにより再開発を実施した事例としてオーストラリア駅の、メルボルンのサザンクロス駅の再開発に当たり、駅当局は民間事業者とコンセッション契約を結び、駅施設の更新、運営管理、サービスに対して政府が民間事業者に対して政府が対価を支払うほか、民間事業者により小売店舗、オフィス、駐車場が整備され、この運営による収入も得て事業を実施している。このスキームによって、この駅は、

図終-2 ワシントンDCオイスタースクールの事例

```
┌─────────────┐  固定資産税負担  ┌─────────────┐  民間賃貸  ┌─────────────┐
│             │ ───────────→  │             │ ──────→ │             │
│ ワシントンDC政府 │             │  選定事業者   │         │   居住者    │
│             │ ←───────────  │             │ ←────── │             │
└─────────────┘   無償譲渡     └─────────────┘   賃料   └─────────────┘
       │                           
       │                     ┌─────────────┐
       │                     │             │
       │                     │   児童      │
       └─────────────────→   │             │
         公立小学校サービス    └─────────────┘
```

出典：National Counsil for Public-Private Partnership HP より作成

ガラスを多用したデザイン、排気能力を有する屋根、120の電光案内板等が整備されているほか、高品質な発券サービス、配送サービスが実施され、利便性が向上し、30のバスステーション、800台の駐車スペース、フードコートが併設された120店舗のショッピングセンターの建設により、駅の集客力が向上したとされている。

また、PPP（Public Private Partnership）の枠組みで、老朽化した小学校の建て替えを校舎の余剰地の活用を併せて実施した、アメリカのワシントンDCのオイスタースクールの建替事業の事例がある（図終-2）。ここでは、建築後70年余りが経過して老朽化が進行していたものの、建て替え等の費用を支出することが困難であった。そこでワシントンDCの政府と公立学校、不動産事業者が共同で校舎の建て替えを実現するため、PPPの枠組みを活用した。具体的には、ワシントンDCの政府が民間の事業者を選定し、その選定事業者が校舎の空き地を活用して民間住宅賃貸事業を実施する。選定事業者は、校舎を政府に無償で譲渡し、校舎の建設費用は家賃収入により償還することになる。この手法は、公的不動産（PRE；Public Real Estate）の有効活用とPPPを組み合わせた手法であり、財源に限界のある日本の自治体で、公共施設の維持更新を行ううえでも有効な手法といえる。

PFI、PPPの活用は主体に関する議論であるが、都市のコンパクト化や都市の中の遊休地や老朽化した施設などの資産の有効活用

終　章　これからの都市や住生活にふさわしい資産マネジメント　165

図終-3　香川県高松市のまちづくり会社

```
補助金・低利子融資 →         家賃
国・県・市  ───→  マネジメント       ← テナント
          ←───  まちづくり会社
             税収 （再開発ビル）   家賃
                                ← 市民商店街
                  ↑ ↓
          土地建物の提供  地代・家賃
                  ↓
               地権者商店街
```

出典：内閣府（2014）『選択する未来委員会』資料

　公的施設も含めた老朽化した建築物の改修・再編のための手法として、定期借地権や特別目的会社などの手法を用いて、所有と利用を分離し、都市中心部での空きビル・空き店舗を活用していく方策も、都市のコンパクト化と中心部の都市機能拡大に民間のノウハウを活用する方策として活用すべきである。

　中心市街地の空き店舗を活用して都市の活性化を目指した典型的な事例としては図終-3の香川県高松市での定期借地権を活用した事例がある。ここでは、地元住民が中心となって第3セクターのまちづくり会社を設立し、その会社が地権者の所有する土地の上に定期借地権を設定することにより、土地の所有権の形態を変えずに建物の床をまちづくり会社が取得し、運営する仕組みとしている。この結果、土地の取得費がイニシャルコストとしてかからず、事業費のコストが顕在化しない仕組みとなっている。また、家賃による収入額も一定ではなく、テナントの売上げによって増減することから、地権者とテナント、まちづくり会社が市場を直視しながらし、売上げを伸ばしていこうとするインセンティブが強く働くことになる。

　また図終-4のように、中心市街地に高齢者向け住宅と介護サービス施設を併設した中高層建築物を整備し、これを裏付け資産とする特別目的会社（SPC：Special Purpose Company）を設立して、これを事業主体とする資産の流動化が進めている事例もある。この場合、特別目的会社を設立することで金融機関や投資家からの資金集めを容易にし、その資金の流れこそが中心市街地の土地の有効利用につなげていると評価されている。

図終-4　鳥取県米子市の特別目的会社のコンセプトと事業スキーム

```
   投資家                    金融機関
     ↕投資・配当              ↕貸付・返済
   ┌─────────────────────────────┐
   │      特別目的会社（SPC）      │
   └─────────────────────────────┘
     ↕土地売買    ↕工事契約   ↕床賃借
   土地所有者    建設会社     医療法人
                                ↕利用契約
                              入居高齢者
```

資料：内閣府「選択する未来委員会」資料

表終-1　官民連携の各段階での形態

段階	官民連携の形態	事例
まちづくりの戦略づくり	市民討議会、官民連携主体	盛岡市、LEPs
まちづくり事業の推進	PPP/PFI	紫波町複合施設、メルボルン・サザンクロス
まちづくりの資金調達	不動産証券化・SPC	高松市のまちづくり会社　米子市の高齢者施設

　SPCを使った手法は、老朽化した建築物や環境対応以前の建築物を一時特別目的会社に入れて、建築物の耐震強化やリノベーションを行い、他の用途に転用するバリューアップを行う際にも使うことができる手法である。例えば老朽化した施設をSPCに入れて必要な補修を行い、最近では街中でも需要の大きい介護施設に用途を転換することが考えられる。この場合、介護事業を行う事業会社自身がその建物や土地を保有することも考えられるが、事業会社が借入金等を返済できなくなる信用リスクにさらされれば、介護施設に入居する際の高齢者の一時金等も信用リスクにさらされることになる。そこで、倒産隔離するためにSPCを設立して、そのSPCが老朽化施設を保有し、改修を行ったうえで、高齢者介護施設への用途転換を行うことが最適な選択といえる。

　ここまで述べてきたように、官民連携では、資産マネジメントの各段階において、これまでの官主導では見られない多様な連携の手法があることがわかる（表

終-1）。

4．今後の政策の方向性

　こうしたコンパクトシティや都市内部の都市居住の機能の再編拡充を進めていく際には、明確な基本方針と官民が連携の取り組みが必要であり、今後は、それにふさわしい制度の枠組みを整備することが必要である。

　これらの課題と政策の方向性を図にまとめると図終-5のとおりとなる。

　こうした課題と政策手法の開発の際に、地域に関する大量のデータベースやGISを活用し、政策のメリット、デメリットを数量的に明らかにし、もっとも合理的な手法を選択し、実施する。その後に施策の効果と課題を検証し、次の施策の企画立案に活かしていく。そうしたPDCA（Plan-Do-Check-Assess）サイクルによる都市政策が人口減少下の現代においてはよりいっそう求められていくのではないだろうか。

図終-5　都市と住生活の将来像に関する課題とその対応

これまでの状況・問題の所在	進むべき方向性	解決への提言
[コンパクトシティ形成・都市居住の改善に向けた明確な戦略の策定]		
・高度経済成長期の郊外への市街地の拡大 ・人口減少下での財政負担、経済活力低下、環境負荷	・都市の集約・再編と市街地中心部の再編	・コンパクトシティ形成と都市居住の生活機能の改善に向けた明確な戦略の形成
[都市における資産マネジメントの推進]		
・都市の市街地全体に拡大したインフラの老朽化、維持 ・更新コストの拡大 ・都市中心部の空洞化・空き店舗	・コンパクト化した都市の中で居住者に対して限られた財源の元で将来にわたって最適なサービスの確保	・コンパクト化と並行して公共施設の中心部への集約化・再編。併せて老朽化した施設の改修・更新 ・都市居住の改善のための都市中心部の空き家・空き店舗の活用
[官民が連携した取り組みの推進]		
・市街地が拡大しているときは公的主体がそれに合わせたインフラ整備	・官民が連携した公共施設の集約化・再編、改修更新、市街地中心部の都市再生の推進	・PPP/PFIのコンセプトの確立 ・制度の壁を越えたインフラへの民間資金の導入

《参考文献》

●日本語

池田新介・大竹文雄・筒井義郎（2005）「時間割引率：経済実験とアンケートによる分析」ISER Discussion Paper No.638

牛島光一・吉田あつし（2009）「小学校における教育の質は地価に影響するか？——東京都特別区の地価データを用いた検証」『応用地域学研究』No.14, pp.37-47

大竹文雄・筒井義郎（2004）「危険回避度の計測：阪大2004.3実験」mimemo

大竹文雄・山鹿久木（2001）「定期借家権制度が家賃に与える影響」『日本経済研究』No.42, pp.1-19

戒能一成（2007）「省エネルギー法に基づく業務等部門建築物の省エネルギー判断基準規制の費用便益分析と定量的政策評価について」RIETI Discussion Paper Series 07-J-042

唐渡広志・清水千弘・中川雅之・原野啓（2012）「リピートセールス不動産価格指数における集計バイアス」『日本経済研究』No.66, pp22-50

川口有一郎・渡部光章（2011）「取引価格データベースを用いた住宅価格指数」早稲田大学

川崎一泰（2009）「コンパクト・シティの効率性」『財政研究』第5巻, pp.236-253

沓澤隆司（2008）『住宅・不動産金融市場の経済分析』日本評論社

沓澤隆司（2009）「省エネルギー・環境に配慮した住宅の経済効果」『都市住宅学』64号, pp.119-129

沓澤隆司（2014）「東京都区部の教育水準と地価」『都市住宅学』87号, pp.80-85

沓澤隆司（2015）「コンパクトシティが都市財政に与える影響」『季刊住宅土地経済』No98, pp.28-35

沓澤隆司（2016a）「コンパクトシティが都市財政に与える影響——標準距離による検証」『都市住宅学』95号, pp.142-150

沓澤隆司（2016b）「周辺環境や属性構造の変化を踏まえた東京都区部におけるマンション取引価格のリピートセールス法による価格推計」『公益社団法人日本不動産学会2016年度秋季全国大会（第32回学術講演会）論文集』, pp.107-114

沓澤隆司（2016c）「中古マンションの不動産価格指数の推計におけるリピートセールス法導入の可能性」『土地総合研究』第24巻第4号, pp.105-111

沓澤隆司・水谷徳子・山鹿久木・大竹文雄（2007）「犯罪発生の地域的要因と地価の影響に関する分析」『日本経済研究』No.56, pp.70-91

国土交通省（2006-2014）「不動産取引価格情報」
〈http://www.land.mlit.go.jp/webland/servlet/MainServlet〉

国土交通省（2011）『国土審議会長期展望委員会中間とりまとめ』

国土交通省（2013）『都市再構築戦略推進委員会中間とりまとめ』

国立社会保障・人口問題研究所（2012）「日本の将来人口推計」

小松弘明（2006）「都市のコンパクト性に着目した都市間比較分析」『不動産研究』第48巻第3号, pp.40-50

総務省（2001,2006,2011）『平成12年度市町村別決算状況調べ』『平成17年度決算状況調べ』『平成22年度市町村別決算状況調べ』
〈http://www.soumu.go.jp/iken/kessan_jokyo_2.html〉

総務省統計局（2013）『社会生活統計指標——都道府県の指標2013』

田口輝幸・井出多加子（2004）「不動産競売市場における不良債権処理の現状と最低価格の役割：大阪地裁マンションデータによる実証分析」『日本不動産学会誌』第17巻第3号, pp.91-99

土居丈朗（2000）『地方財政の政治経済学』東洋経済新報社

東京都宅地建物取引業協会（2008）『地価図』

東京都都市計画局（2002）『東京の土地利用（平成13年東京都区部）』
東京都都市計画局（2008）『地震に関する地域危険度測定調査（第6回）』
東京都都市計画局（2001, 2006, 2011）「東京の土地利用（東京都区部）」
内閣府（2014）『選択する未来――人口推計から見えてくる未来像』
内閣府（2012）『日本の社会資本2009』
中井英雄（1988）『現代財政負担の数量分析』有斐閣
中口毅博・環境自治体会議環境政策研究所（2013）「環境自治体白書2013年－2014年版」
21世紀政策研究所（2015）『「超高齢・人口減少社会のインフラをデザインする」報告書』
日本経済新聞社産業地域研究所（2008）「全国市区の行政比較調査データ集（行政各制度・行政サービス度）」
林正義（2002）『地方自治体の最小効率規模：地方公共サービスの供給における規模の経済と混雑関数』ファイナンシャル・レビュー第61号，pp.59-89
松江市（2013）「2期松江市 中心市街地活性化基本計画」
三浦秀一（2000）「全国都道府県庁所在都市の住宅におけるエネルギー消費とＣＯ2排出量の推移に関する研究」『日本建築学会計画系論文集』528号，pp.75-82
山鹿久木・中川雅之・齊藤誠（2002）「地震危険度と地価形成：東京都の事例」『応用地域学研究』No.7，pp.51-62
夕張市（2012）「夕張まちづくりマスタープラン――夕張市都市計画マスタープラン（都市計画の基本的な方針）」
吉田あつし・張璐・牛島光一（2008）「学校の質と地価――足立区の地価データを用いた検証」『季刊住宅土地経済』Vol.68，pp.10-18
吉村弘（1999），「最適都市規模と市町村合併」東洋経済新報社．

●英語

Amemiya, T. (1985) *Advanced Econometrics*, Harvard University Press, pp.285-286
Baily, M. J., Muth, R. F. and Nource, H.O. (1963) "A regression model for real estate price index construction", *Journal of American Statistical Association*, 58, pp.983-942
Banfi, S., Farsi, M., Filippini, M. and Jacob, M. (2008) "Willingness to pay for energy-saving measures in residential building", *Energy Economics*, 30, pp.503-516
Berkhout, P. H. G., Ferrer-Carbonell, A. and Muskens, J. C. (2004) "The ex post impact of an energy tax on household energy demand", *Energy Economics*, 26, pp.297-317
Black, S. E. (1999) "Do better school matter? Parental valuation of elementary education", *The Quarterly Journal of Economics*, vol.114, No.2, pp.577-599
Braford, D., Malt, R., and Oates, W. (1969) "The rising cost of local public services: Some evidence and reflections", *National Tax Journal*, 22, pp.185-202
Breheny, M. (1997) "Urban compaction: feasible and acceptable?", *Cities*, 14-4, 209-217
Breheny, M. (1992) *Sustainable Development and Urban Form*, Pion Limited (European Research in Regional Science, No.2)
Bruckner, J. (2003) "Strategic interaction among governments: An overview of empirical studies", *International Regional Science Review*, 26, pp.175-88
Burton, E. (2002) "Measuring urban compactness in UK towns and cities", *Environment and Planning B: Planning and Design 2002*, 29(1), 219-250
Case, K. E. and Shiller, R. J. (1989) "The efficiency of the market for single-family homes", *The American Economic Review*, 79(1), pp.125-137
Case, A., R.Harvey, R. and James, H. (1993) "Budget spillover and fiscal policy interdependence: Evidence from the States", *Journal of Public Economics*, 52, pp.285-307
Capper, G. and Scott, A. (1982) "The economics of house heating: further findings", Energy

Economics 4 (3), pp.134-138

Carruthers, J. I. and Ulfarsson, G. F. (2008) "Does 'smart growth' matter to public finance", *Urban Studies*, 45, pp.1791-1823

Chau, K. W., Wong, S. K. and C.U. et al. (2005) "Estimating price trends for residential property: A comparison of repeat sales and assessed value methods", *Journal of Real Estate Finance and Economics*, 5, pp.357-374

Churchman, A. (1999) "Disentangling the concept of density", *Journal of Planning Literature*, 13 (4), pp.389-411

Dantzig, G.B. and Saaty, T.L. (1973) *Compact City: A Plan for a Livable Urban Environment*, W. H. Freeman

Department for Communities and Local Government (2012) *National Planning Policy Framework*

Department for Communities and Local Government (2016) *Local Planning Authority Green Belt: England 2015/16*

Dinan, T. M. and Miranowski, J. A. (1989) "Estimating the implicit price of energy efficiency improvement in the residential housing market: A Hedonic approach", *Journal of Urban Economics*, 25, pp.52-67

DRIEA (2013) *I'lle-de-France de 2030*

Downs, A. (1992) *Stuck in Traffic*, The Brookings Institution

Downes T. A. and Zabel, J. E. (2002) "The impact of school characteristics on house price: Chicago 1987-1991", *Journal of Urban Economics*, vol.25, pp.1-25

Dubin, R. A. and Goodman, A. C. (1982) "Valuation of education and crime neighborhood characteristics through Hedonic housing prices", *Population and Environment*, 5 (3), pp. 166-181

Duncombe, W. and Yinger, J. (1993) "An analysis of returns to scale in public production, with an application of fire protection", *Journal of Public Economics*, 52, pp.49-72

EU (1991) *Green Paper on the Urban Environment: Environment and Quality of Life*

Elson, M. J. (1986) *Green Belts:Conflict Mediation in the Urban Fringe*, Archtechtual Press

Ewing, R. and Hamidi, S. (2014) *Measuring Sprawl and Its Impact*, Smart Growth America, National Cancer Institute, National Institutes of Health Ford Foundation

Figlio, D. N. and Maurice, E. L. (2002) "What's in a grade? School report cards and house price", *American Economic Review*, 94-3, pp.591-604

Greater London Authority (2011) *The London Plan*

Greene, W. H. (2003) *Econometric Analysis*, 5th ed., Ch22, Prentice Hall, 2002,pp.780-790

Hall, P. (1974) "The containment of urban England", *The Geographical Journal*, 140 (3), pp. 386-408

Harvey, A. C. (1976) "Estimating regression models with multiplicative heteroscedasticity", *Econometrica*, 44(3), pp.461-465

Hayes, K. J. and Taylor, L. L. (1996) "Neighborhood school characteristics: What signals quality to homebuyers?", *Federal Reserve Bank of Dallas Economic Review*, 3, pp.2-9

Heckman, J. J. (1979) "Sample selection bias as a specification error", *Econometrica*, 47(1), pp. 153-162

Hirst, E., Goeltz, R. and Carney, J. (1982), "Residential energy use" *Energy Economics*, 4(2), pp. 74-82.

Hortas-Rico, M. (2014), "Urban sprawl and municipal budget in Spain," *Regional Science*, 93(4), pp.843-864

Honta-Rico, M. and Sollé-Ollé (2010), "Does urban sprawl increase the costs of providing local public services? Evidence from Spanish municipalities," *Urban Studies,* 47, pp.1514-1540

Ida, T. and Ono, H. (2015) "Urban sprawl and local public service costs in Japan," *The Annual Congress of the International Institute of Public Finance,* pp.1-19.

Jacobs, J. (1962) *The Death and Life of Great American Cities,* Cape

Kimball, M. S., Sahm, C. R. and Shapiro, M. D. (2005) "Using survey-based risk tolerance", unpublished, Michigan University

Morikawa, M. (2011) "Economic of density and productivity in service industries: A analysis of personal service industries based on establishment-level data," *Review of Economics and Statistics,* 93(1), pp.179-192

Nakayama, K. and Tahira, M. (2008) "Distribution of population density and the cost of local public services," *Working Paper No.231 Faculty of Economics,* University of Toyama, pp.1-25

Nechyba, T. (2003) "School finance, spatial income segregation, and the nature of communities" *Journal of Urban Economics,* 54, pp.61-88

Neuman, M. (2005) "The compact city fallacy", *Journal of Planning Education and Research,* 25 (1), pp.11-26

Newman, P. and Kenworthy, J. (1989) *Cities and Automobile Dependence: An International Sourcebook,* Gower

OECD (1990) *Enovironmental Plicies For Cities*

OECD (1996) *Our Cities, Our Future: Policies and Action Plans for Health and Sustainable Development*

OECD (2009) *Mesuring Capital - OECD Manual Second Edition.*

OECD (2012a) *Compact City Policies: A Comparative Assessment*

OECD (2012b) *Programme for International Student Assessment (PISA)*

Portland Development Commission (1999) *Amended and Restarted Agreement for Development between the City of Portland and Hoyt Street Properties, L. L. C.* ,March 12

Parsons, G. R. (1992) "The effect of coastal land use restrictions on housing prices: A repeat sale analysis", *Journal of environmental economics and management,* 22, pp.5-37

Riddel, M. (2001) "A dynamic approach to estimating hedonic prices for environmental goods: application to open space purchase", *Land Economics,* 77, pp.494-512

Rojas, C., Muniz, I. and Pino, J. (2013), "Understanding the urban sprawl in the mid-size Latin American cities through the urban form: analysis of the concepcion Metropolitan Area (Chile)", *Journal of Geographic Information System,* 5, pp.222-234.

Rosen, S. (1974) "Hedonic prices and implicit markets: Product differentiation in pure competition", *Journal of Political Economy,* 82, pp.34-55.

Rosenthal, S. S. and Strange,W.C. (2004) "Evidence on the nature and sources of agglomeration economics", *Handbook of Regional and Urban Economics,* 4, pp.2119-2171.

Scott, A . (1980), "The economics of house heating", *Energy Economics,*2(3),pp.130-141

Terzi, F. and Kaya, H. S. (2008) "Analyzing urban sprawl patterns through fractal geometry: The case of Istanbul metropolitan area", *UCL Working Papers,* 144, pp.1-23.

The City of Portland (2001) *Pearl District Development Plan; A Future Vision for Neighborhood in Transition*

The City of Portland (2012) *The Portland Plan*

Thomas, L. and W. Cousins (1996) "A new comapact city form: Concepts in practice", in Jenks, M., et.al. (eds.) (1996), *The Compact City: A Sustainable Urban Form?,* E & FN Spon

Tol, R.S.J. (2005) "The marginal damage costs of carbon dioxide emissions:An assessment of the uncertainties", *Energy Policy,* 33, pp.2064-2074

UN Bruntland Commission (1987) *Our Common Future*

UNEP and UNU-IHDP (2012) *Inclusive Wealth Report 2012: Measuring Progress Toward Sustainability*, Cambridge University Press

Wooldridge, J. M. (2005) *Introductory Econometrics: A Modern Approach*, South-Western Pub

《索 引》

ア行

アクセシビリティ　36, 50
足による投票　4
アフォーダビリティ　36
アメリカ再建パートナーシップ　106
維持管理　54
維持更新　100
インフラ長寿命化基本計画　105
インフラ長寿命化計画　105
エネルギー使用の合理化に関する法律　144
延焼危険性　121, 123
エンタープライズ・ゾーン（Enterprise Zone）　162
温室効果ガス　11

カ行

外部不経済　23
過小変数バイアス　118
過小密度税　→ VSD
学校選択制　132
環境自治体会議　76
環境属性変化対応型 RS 法　125, 126
官民連携　161
管理的専門的職業従事者　139
危険回避度　147, 151
技術的な規模の経済　55
規模の経済　54, 69
逆相関　16
逆ミルズ比　138
教育水準　132
競合性　55
行政サービス水準　60, 78
行政サービス度　60
京都議定書　74
教養文化・官公庁施設　139
グリーンベルト　12, 14
クロスセクション　97, 118
経過月数調整後 RS 法　125, 126
経年効果　120
原価法　117
健康資本　100
公共交通　48
公共交通沿線推進補助対象地区　90
公共交通利便性　84
公共施設のライフサイクル　99
交差項ダミー（係数）　61, 126
公的不動産　164
公的不動産の有効利用　164
国連持続可能な開発会議　100
国連世界環境・開発委員会　14
コジェネレーション設備　150
固定効果分析　60
混雑関数　55
コンセッション契約　163
コンパクトシティ　2
コンパクトな都市構造（Compact Urban Form）　15

サ行

最高密度規制　82
最小自乗法　→ OLS
財政基準需要額　64
最低密度規制　83
サステイナビリティ（Sustainability）　14
サステイナブルシティ　15
サステイナブル・デベロップメント（Sustainable Development）　11, 14

サンプル・セレクション・バイアス　119,
　　139
市街化区域　56
市街化調整区域　56
時間効果　119
時間選好率　147, 151
資産価値　114
資産効果　141
資産マネジメント　161
地震に関する危険度　123
持続可能性のある開発　→サステイナブル・デベロップメント
持続可能な居住水準　→ SRQ
市町村合併　25
市民討議会　161
社会資本ストック　102
社会的割引率　149
収益還元法　117
集計バイアス　120
住宅リフォーム　8
純資本ストック量　102
省エネルギー・環境配慮型の住宅　144
人工資本　100
人口集中地区　→ DID
人口メッシュ　46
人的資本　100
信用リスク　166
信頼区間　128
ストックマネジメント　6, 99
ストラテジー・プラン　82
スプロール（Sprawl）　12
スマートシティ　144
生産関数　58
生産要素価格　58
生徒の学習到達度調査　→ PISA
政令指定都市　63
全国学力・学習状況調査（全国学力テスト）　132
選択する未来委員会　3, 132
双曲線関数　102

測定誤差　133
粗資本ストック額　102

タ行

対数正規分布　158
太陽光発電　150
多重共線性　122
地域環境要因　59
地域的な細分化（Segregation）　134
地域の成長戦略（Strategic Plans for Local Growth）　162
地域メッシュ　42
地価公示　115
地球環境変化の人間・社会的側面に関する国際研究計画　100
地表面距離　43, 57
中核市　63
中心業務地（CBD）　34
中心市街地　85
昼夜間人口比率　50, 51
調整前 RS 法　125, 126
町丁目　41
直接生産物　58
地理情報システム（GIS）　3
定額法　102
定期借地権　165
定率法　102
低未利用地（Brown Field）　17
デンシティ・マトリックス（Density Matrix）　84
倒壊危険性　126
倒産隔離　166
同時性　76
動線集約　88
特別目的会社　163, 165
特例市　63
都市居住　114
都市再構築戦略推進委員会　27
都市の成長管理政策　18

土地の混合利用　69
トリップ距離　36, 37
トリップ数　36
取引価格　114
取引価格事例比較法　117

ナ行

内生性　133
内生変数　133
内発的な経済成長　27
2項プロビット　136
日本創成会議　2

ハ行

ハーフィンダール指標（HFI）　41
バウチャー制度　134
パネルデータ　60
パネルデータ分析　139
犯罪発生率　127
費用関数　55
費用最小化行動　58
標準距離　3
標準正規分布　44
標準偏差　42
プーリングデータ　121
不均一分散プロビット分析　145, 146, 148, 149, 153
普通建設事業費　66
不動産価格指数　120
不動産鑑定価格　114
不動産算定価格基準　115
不動産取引価格情報　123
負の外部性　124
プロビット分析　149
ヘックマン（2段階）推定　133, 139, 148, 152
ヘドニック法　4, 117
包括的豊かさの指標　100

マ行

マスタープラン　88
まち・ひと・しごと創生本部　3
まちづくり会社　165
密度の経済　54
密度の便益　80
メッシュデータ　44
メンテナンスサイクル　105

ヤ行

優良住宅取得支援制度（フラット35S）　144
用途規制（Zoning）　15
用途地域　97

ラ行

リピートセールス法　4, 117
累積密度関数　158
累積密度正規分布　148
ローレンツ曲線　41, 56
ロジットモデル　145
ロンドン・プラン　84

アルファベット

Baysian Information Criterion（B.I.C）　125
Box-Cox 変換　122
Breusch-Godfrey 検定　60, 64
Bruntland Commission　→国連世界環境・開発委員会
DID（Densely Inhabited District）　3, 19
Fix-It-First（まず補修せよ）プログラム　106
Gentrification　18
GLA（Greater London Authority）　84

Hausman 検定　64
IWI（Inclusive Wealth Index）　→包括的豊かさの指標
LEPs（Local Enterprise Partnerships）　161
Local Growth Deal　162
LRT（Light Rail Transit）　95
NPO　161
NPPF（National Planning Policy Framework）　12, 28
OLS　78, 138, 145, 154
Our Common Future　14
PDCA サイクル　167
PFI（Public Finance Initiative）　162
PISA　136
PPG（Planning Policy Guidance Notes）　29
PPP（Public Private Partnership）　164
PPS（Planning Policy Statements）　29
Prais-Winsten 回帰　60
PRE（Public Real Estate）　→公的不動産
PTAL（Public Transportation Accessibility Level）　84
Reurbanization　18
Regional Growth Fund（RGF）　162
S&P/Case Shiller U.S.National Home Price Index　119
SPC（Special Purpose Company）　→特別目的会社
SQR　→デンシティ・マトリックス
SRQ（Sustainable Residential Quality）　84
Suburbanization　17
Urbanization　17
VSD　83

《別表》 各都市の標準距離、昼夜間人口、公共交通利用率の推移

	標準距離 (平成22年)	昼夜間 人口比率 (平成22年)	公共交通 利用率 (平成22年)	標準距離 (平成17年)	昼夜間 人口比率 (平成17年)	標準距離 (平成12年)	昼夜間 人口比率 (平成12年)
東京都狛江市	0.974	0.749	1.005	0.969	0.733	0.961	0.707
広島県府中町	0.994	1.024	0.510	1.004	1.068	1.015	1.065
兵庫県播磨町	0.995	0.861	0.574	0.991	0.870	0.994	0.875
大阪府高石市	1.014	0.916	0.735	1.007	0.910	0.996	0.914
埼玉県蕨市	1.038	0.851	0.918	1.028	0.845	1.014	0.806
東京都国立市	1.068	0.975	0.982	1.059	0.982	1.061	0.990
愛知県岩倉市	1.146	0.784	0.546	1.135	0.766	1.123	0.743
愛知県蟹江町	1.183	0.807	0.546	1.198	0.834	1.219	0.835
大阪府藤井寺市	1.197	0.874	0.722	1.205	0.854	1.204	0.837
埼玉県和光市	1.217	0.848	0.904	1.221	0.857	1.228	0.836
埼玉県志木市	1.224	0.783	0.871	1.220	0.786	1.229	0.794
大阪府泉大津市	1.238	0.915	0.694	1.237	0.909	1.236	0.913
東京都羽村市	1.239	0.933	0.662	1.239	0.991	1.238	0.967
福岡県篠栗町	1.243	0.812	0.395	1.285	0.810	1.323	0.788
京都府向日市	1.245	0.783	0.731	1.239	0.771	1.247	0.765
静岡県清水町	1.248	0.978	0.291	1.243	0.988	1.245	0.976
沖縄県南風原町	1.251	0.963	0.127	1.256	0.967	1.266	0.951
東京都福生市	1.257	0.863	0.692	1.250	0.859	1.251	0.845
大阪府熊取町	1.273	0.793	0.571	1.257	0.763	1.227	0.737
東京都小金井市	1.274	0.864	1.043	1.274	0.857	1.273	0.837
愛知県扶桑町	1.275	0.800	0.416	1.290	0.809	1.287	0.765
東京都東大和市	1.278	0.794	0.816	1.280	0.811	1.278	0.789
京都府長岡京市	1.281	0.921	0.838	1.295	0.926	1.287	0.900
兵庫県芦屋市	1.339	0.801	0.921	1.318	0.777	1.313	0.787
福岡県粕屋町	1.380	0.965	0.417	1.396	1.002	1.392	0.988
埼玉県ふじみ野市	1.385	0.832	0.797	1.394	0.805	1.412	0.785
愛知県高浜市	1.391	0.936	0.274	1.386	0.943	1.378	0.939
福岡県中間市	1.413	0.862	0.274	1.419	0.842	1.419	0.841
愛知県長久手町	1.413	1.022	0.540	1.404	1.149	1.414	1.016
大阪府門真市	1.420	1.112	0.752	1.413	1.098	1.406	1.082
東京都瑞穂町	1.442	1.083	0.536	1.438	1.078	1.421	1.063
東京都清瀬市	1.445	0.834	0.965	1.448	0.826	1.454	0.844
徳島県藍住町	1.469	0.831	0.181	1.482	0.807	1.499	0.811
福岡県宇美町	1.490	0.831	0.288	1.500	0.830	1.488	0.840
神奈川県寒川町	1.492	0.943	0.584	1.480	0.943	1.473	0.941
埼玉県三芳町	1.494	1.131	0.761	1.529	1.132	1.527	1.077
群馬県大泉町	1.495	1.111	0.302	1.491	1.145	1.489	1.188
福岡県春日市	1.500	0.770	0.633	1.517	0.775	1.479	0.769
奈良県田原本町	1.506	0.894	0.532	1.520	0.899	1.534	0.910
東京都昭島市	1.516	0.893	0.842	1.518	0.913	1.514	0.907
埼玉県朝霞市	1.522	0.841	0.869	1.515	0.823	1.517	0.842
埼玉県松伏町	1.523	0.782	0.611	1.534	0.772	1.581	0.778
埼玉県毛呂山町	1.528	0.890	0.430	1.508	0.869	1.485	0.858
大阪府大東市	1.550	1.011	0.731	1.554	1.023	1.568	1.013
沖縄県西原町	1.559	1.189	0.113	1.543	1.203	1.531	1.206
埼玉県北本市	1.559	0.794	0.716	1.565	0.783	1.558	0.758

	標準距離 (平成22年)	昼夜間 人口比率 (平成22年)	公共交通 利用率 (平成22年)	標準距離 (平成17年)	昼夜間 人口比率 (平成17年)	標準距離 (平成12年)	昼夜間 人口比率 (平成12年)
奈良県広陵町	1.564	0.807	0.685	1.581	0.785	1.605	0.780
東京都国分寺市	1.565	0.835	1.004	1.563	0.830	1.583	0.796
石川県野々市町	1.571	0.935	0.264	1.558	0.993	1.550	1.003
愛知県知立市	1.574	0.844	0.398	1.570	0.842	1.572	0.848
大阪府大阪狭山市	1.577	0.880	0.641	1.563	0.846	1.567	0.832
静岡県長泉町	1.581	0.954	0.300	1.570	0.989	1.581	0.977
愛知県北名古屋市	1.582	0.912	0.506	1.573	0.900	1.571	0.887
千葉県浦安市	1.588	0.984	1.080	1.562	0.973	1.431	0.940
沖縄県豊見城市	1.597	0.886	0.128	1.603	0.852	1.616	0.834
宮城県塩竈市	1.605	0.903	0.348	1.634	0.901	1.649	0.917
大阪府松原市	1.608	0.905	0.727	1.607	0.908	1.601	0.888
東京都東久留米市	1.616	0.801	0.974	1.619	0.785	1.621	0.765
東京都武蔵村山市	1.619	0.922	0.695	1.616	0.898	1.610	0.895
東京都西東京市	1.621	0.800	1.012	1.613	0.782	1.622	0.780
沖縄県浦添市	1.624	1.032	0.139	1.620	1.038	1.623	1.047
奈良県大和高田市	1.624	0.848	0.606	1.629	0.874	1.624	0.890
埼玉県富士見市	1.638	0.724	0.786	1.628	0.704	1.599	0.676
神奈川県逗子市	1.651	0.811	0.893	1.666	0.788	1.664	0.770
東京都武蔵野市	1.652	1.105	1.058	1.640	1.123	1.636	1.123
東京都東村山市	1.681	0.816	0.904	1.708	0.797	1.716	0.789
愛知県武豊町	1.682	0.864	0.300	1.687	0.860	1.672	0.849
福岡県志免町	1.689	0.860	0.404	1.709	0.887	1.656	0.857
大阪府摂津市	1.704	1.127	0.717	1.712	1.136	1.709	1.113
埼玉県鶴ヶ島市	1.709	0.787	0.643	1.703	0.771	1.663	0.734
京都府城陽市	1.716	0.809	0.577	1.719	0.797	1.716	0.762
東京都三鷹市	1.718	0.894	1.097	1.726	0.890	1.734	0.890
福岡県那珂川町	1.734	0.828	0.464	1.851	0.822	1.923	0.810
福岡県水巻町	1.743	0.830	0.327	1.755	0.787	1.748	0.774
神奈川県座間市	1.748	0.815	0.757	1.743	0.808	1.739	0.786
愛知県豊明市	1.749	0.919	0.382	1.741	0.899	1.709	0.898
愛知県東郷町	1.751	0.797	0.317	1.724	0.802	1.719	0.787
兵庫県太子町	1.754	0.832	0.345	1.768	0.833	1.783	0.860
大阪府泉南市	1.760	0.949	0.544	1.770	0.970	1.774	0.926
大阪府交野市	1.775	0.786	0.725	1.780	0.783	1.783	0.752
埼玉県戸田市	1.779	0.938	0.894	1.798	0.979	1.804	0.994
茨城県東海村	1.785	1.031	0.297	1.801	1.040	1.830	1.046
千葉県鎌ヶ谷市	1.793	0.761	0.772	1.797	0.739	1.811	0.693
長崎県長与町	1.795	0.749	0.373	1.782	0.766	1.810	0.756
京都府八幡市	1.798	0.839	0.694	1.763	0.827	1.689	0.782
埼玉県桶川市	1.800	0.845	0.719	1.794	0.821	1.793	0.797
大阪府柏原市	1.804	0.912	0.692	1.814	0.904	1.809	0.902
愛知県尾張旭市	1.823	0.829	0.476	1.817	0.815	1.807	0.803
大阪府池田市	1.826	0.934	0.781	1.870	0.943	1.910	0.925
東京都稲城市	1.835	0.796	0.948	1.823	0.771	1.780	0.802
神奈川県葉山町	1.849	0.750	1.013	1.875	0.715	1.884	0.694
大阪府守口市	1.852	1.012	0.799	1.850	1.024	1.850	1.025
埼玉県白岡町	1.861	0.770	0.681	1.891	0.770	1.909	0.740
奈良県香芝市	1.865	0.808	0.622	1.882	0.784	1.922	0.765

	標準距離 (平成22年)	昼夜間 人口比率 (平成22年)	公共交通 利用率 (平成22年)	標準距離 (平成17年)	昼夜間 人口比率 (平成17年)	標準距離 (平成12年)	昼夜間 人口比率 (平成12年)
東京都多摩市	1.865	0.986	0.938	1.850	0.943	1.845	0.868
和歌山県岩出市	1.873	0.803	0.296	1.881	0.795	1.892	0.787
埼玉県八潮市	1.878	0.976	0.731	1.892	1.006	1.875	0.996
愛媛県松前町	1.879	0.949	0.305	1.891	0.888	1.900	0.888
埼玉県吉川市	1.885	0.820	0.720	1.936	0.829	1.991	0.792
福岡県岡垣町	1.888	0.789	0.350	1.923	0.781	1.974	0.779
埼玉県伊奈町	1.894	0.960	0.582	1.847	0.990	1.838	0.969
宮城県多賀城市	1.896	0.912	0.384	1.900	0.918	1.911	0.921
愛知県清須市	1.898	0.920	0.565	1.907	0.965	1.904	1.000
長崎県時津町	1.899	0.992	0.269	1.922	0.967	1.937	0.973
兵庫県伊丹市	1.908	0.910	0.791	1.912	0.915	1.904	0.897
鳥取県境港市	1.934	0.998	0.185	1.916	0.997	1.921	0.996
埼玉県上里町	1.945	0.864	0.294	1.945	0.817	1.957	0.822
山梨県富士吉田市	1.945	0.985	0.091	1.942	0.982	1.887	0.987
沖縄県宜野湾市	1.948	0.943	0.129	1.958	0.932	1.960	0.924
東京都調布市	1.953	0.877	0.978	1.956	0.863	1.957	0.872
大阪府寝屋川市	1.956	0.873	0.799	1.948	0.858	1.945	0.844
福岡県太宰府市	1.972	0.938	0.529	1.964	0.932	1.956	0.917
山梨県中央市	1.980	1.011	0.193	1.988	1.010	2.023	0.991
福岡県古賀市	1.992	0.942	0.445	1.971	0.930	1.976	0.940
大阪府羽曳野市	1.996	0.857	0.666	1.995	0.844	2.001	0.827
大阪府四條畷市	1.997	0.845	0.714	1.966	0.808	1.843	0.793
群馬県玉村町	2.008	0.864	0.202	2.007	0.870	1.998	0.882
愛知県江南市	2.013	0.844	0.439	2.046	0.844	2.023	0.832
岐阜県瑞穂市	2.013	0.818	0.331	1.998	0.838	2.007	0.848
埼玉県幸手市	2.023	0.845	0.607	2.035	0.807	2.049	0.788
神奈川県大磯町	2.034	0.774	0.748	2.050	0.762	2.053	0.742
神奈川県南足柄市	2.049	0.876	0.485	2.075	0.906	2.067	0.892
大阪府阪南市	2.056	0.767	0.605	2.020	0.749	1.990	0.735
東京都日野市	2.056	0.880	0.872	2.056	0.873	2.060	0.859
香川県善通寺市	2.062	0.999	0.202	2.043	1.011	2.009	1.008
千葉県四街道市	2.065	0.800	0.685	2.038	0.783	2.009	0.756
北海道恵庭市	2.073	0.948	0.381	2.102	0.934	2.147	0.933
兵庫県高砂市	2.087	1.007	0.540	2.087	0.974	2.098	0.964
東京都小平市	2.095	0.888	0.960	2.081	0.873	2.080	0.863
千葉県習志野市	2.112	0.909	0.967	2.107	0.892	2.125	0.876
奈良県葛城市	2.112	0.881	0.455	2.132	0.870	2.138	0.830
茨城県守谷市	2.121	0.814	0.646	2.214	0.820	2.237	0.810
兵庫県稲美町	2.146	0.981	0.381	2.161	0.958	2.182	0.928
長野県岡谷市	2.149	0.993	0.156	2.159	1.003	2.152	1.013
大阪府泉佐野市	2.153	1.047	0.608	2.163	1.047	2.179	1.072
福岡県大川市	2.170	0.997	0.227	2.182	1.009	2.172	1.046
埼玉県小川町	2.171	0.789	0.440	2.173	0.775	2.177	0.790
埼玉県草加市	2.173	0.855	0.833	2.167	0.821	2.170	0.818
神奈川県茅ヶ崎市	2.180	0.796	0.898	2.178	0.789	2.180	0.769
京都府精華町	2.198	0.767	0.766	2.240	0.750	2.429	0.785
大阪府貝塚市	2.205	0.889	0.557	2.215	0.894	2.258	0.886
神奈川県綾瀬市	2.210	0.958	0.647	2.233	0.958	2.262	0.916

	標準距離 (平成22年)	昼夜間 人口比率 (平成22年)	公共交通 利用率 (平成22年)	標準距離 (平成17年)	昼夜間 人口比率 (平成17年)	標準距離 (平成12年)	昼夜間 人口比率 (平成12年)
埼玉県蓮田市	2.212	0.807	0.739	2.213	0.780	2.228	0.741
大阪府八尾市	2.216	0.957	0.743	2.227	0.950	2.223	0.939
長野県諏訪市	2.218	1.078	0.168	2.236	1.087	2.281	1.090
埼玉県宮代町	2.219	0.805	0.648	2.223	0.779	2.230	0.753
東京都府中市	2.226	0.964	0.917	2.225	0.963	2.207	0.977
愛知県碧南市	2.234	0.990	0.254	2.235	0.997	2.191	1.001
沖縄県読谷村	2.240	0.854	0.103	2.225	0.841	2.228	0.832
神奈川県伊勢原市	2.241	0.927	0.607	2.258	0.912	2.257	0.915
沖縄県糸満市	2.249	0.938	0.101	2.301	0.926	2.324	0.919
大阪府富田林市	2.255	0.876	0.626	2.260	0.859	2.252	0.852
沖縄県沖縄市	2.255	0.987	0.107	2.226	0.979	2.227	0.997
滋賀県栗東市	2.258	1.008	0.460	2.283	1.065	2.277	1.082
愛知県津島市	2.264	0.945	0.420	2.277	0.927	2.280	0.912
愛知県大府市	2.266	1.003	0.419	2.312	1.014	2.343	0.992
愛知県日進市	2.269	0.997	0.449	2.272	0.991	2.281	1.010
静岡県函南町	2.271	0.805	0.276	2.284	0.804	2.313	0.790
福岡県大野城市	2.274	0.852	0.611	2.267	0.854	2.253	0.839
奈良県大和郡山市	2.282	1.041	0.610	2.293	1.037	2.303	1.020
宮城県岩沼市	2.283	0.978	0.383	2.321	0.981	2.378	0.961
東京都立川市	2.304	1.131	0.925	2.303	1.121	2.307	1.111
宮城県柴田町	2.304	0.921	0.331	2.321	0.918	2.355	0.898
福岡県苅田町	2.311	1.190	0.281	2.359	1.178	2.386	1.133
熊本県益城町	2.311	0.927	0.197	2.340	0.898	2.356	0.876
滋賀県草津市	2.325	1.090	0.602	2.347	1.054	2.369	1.027
福岡県福津市	2.325	0.810	0.468	2.351	0.782	2.351	0.756
富山県滑川市	2.332	0.934	0.178	2.367	0.929	2.396	0.899
愛知県東浦町	2.345	0.840	0.331	2.354	0.807	2.393	0.741
宮城県利府町	2.354	0.843	0.360	2.235	0.849	2.228	0.874
大分県別府市	2.363	0.981	0.227	2.374	0.971	2.392	0.964
大阪府河内長野市	2.373	0.822	0.691	2.399	0.793	2.409	0.775
福岡県筑後市	2.375	0.956	0.237	2.405	0.972	2.451	0.996
奈良県橿原市	2.389	0.931	0.557	2.399	0.910	2.412	0.879
熊本県大津町	2.395	1.139	0.144	2.484	1.160	2.535	1.144
京都府京田辺市	2.400	1.036	0.635	2.382	1.014	2.381	0.977
福岡県田川市	2.415	1.101	0.137	2.448	1.097	2.432	1.114
千葉県八千代市	2.425	0.867	0.757	2.454	0.851	2.487	0.828
愛知県あま市	2.427	0.820	0.475	2.425	0.804	2.424	0.799
埼玉県狭山市	2.430	0.939	0.697	2.426	0.925	2.420	0.911
長野県駒ヶ根市	2.436	1.047	0.110	2.456	1.030	2.488	1.017
京都府宇治市	2.437	0.878	0.590	2.416	0.859	2.400	0.837
静岡県三島市	2.440	0.968	0.352	2.418	0.963	2.396	0.981
大阪府箕面市	2.447	0.859	0.753	2.388	0.845	2.390	0.848
奈良県桜井市	2.452	0.875	0.470	2.524	0.864	2.557	0.853
福岡県直方市	2.485	1.049	0.183	2.507	1.051	2.505	1.042
愛知県幸田町	2.491	1.014	0.308	2.518	1.051	2.550	1.042
大阪府岸和田市	2.493	0.909	0.592	2.510	0.908	2.528	0.912
熊本県荒尾市	2.504	0.882	0.175	2.544	0.878	2.581	0.883
新潟県見附市	2.504	0.871	0.206	2.550	0.870	2.558	0.874

	標準距離 (平成22年)	昼夜間 人口比率 (平成22年)	公共交通 利用率 (平成22年)	標準距離 (平成17年)	昼夜間 人口比率 (平成17年)	標準距離 (平成12年)	昼夜間 人口比率 (平成12年)
兵庫県相生市	2.507	0.987	0.346	2.544	0.965	2.571	0.962
沖縄県那覇市	2.511	1.091	0.215	2.499	1.107	2.488	1.117
群馬県館林市	2.514	0.986	0.243	2.536	0.978	2.550	0.979
埼玉県羽生市	2.515	0.975	0.361	2.521	0.939	2.524	0.932
石川県津幡町	2.517	0.764	0.253	2.639	0.779	2.759	0.787
宮城県富谷町	2.526	0.767	0.365	2.632	0.768	2.766	0.699
埼玉県入間市	2.531	0.866	0.600	2.537	0.859	2.525	0.858
埼玉県新座市	2.532	0.862	0.902	2.546	0.838	2.544	0.819
千葉県白井市	2.538	0.814	0.716	2.614	0.841	2.602	0.810
山梨県甲斐市	2.540	0.794	0.175	2.562	0.782	2.584	0.775
富山県魚津市	2.543	1.006	0.157	2.592	1.013	2.626	1.015
大阪府吹田市	2.547	0.986	0.833	2.538	0.976	2.515	0.996
神奈川県海老名市	2.548	0.919	0.761	2.552	0.914	2.563	0.883
愛知県弥富市	2.555	0.965	0.457	2.627	0.920	2.733	0.884
愛知県半田市	2.576	0.987	0.313	2.574	0.995	2.571	0.996
神奈川県三浦市	2.580	0.831	0.662	2.597	0.830	2.612	0.826
佐賀県鳥栖市	2.580	1.112	0.314	2.559	1.136	2.537	1.098
神奈川県鎌倉市	2.582	0.978	0.942	2.596	0.950	2.602	0.949
大阪府茨木市	2.591	0.926	0.846	2.564	0.933	2.574	0.935
兵庫県尼崎市	2.607	0.968	0.837	2.616	0.961	2.626	0.960
茨城県高萩市	2.608	0.925	0.262	2.650	0.914	2.736	0.946
奈良県御所市	2.619	0.948	0.404	2.590	0.915	2.516	0.894
山口県下松市	2.640	1.019	0.222	2.656	1.027	2.725	1.026
長野県須坂市	2.641	0.977	0.180	2.688	0.966	2.715	0.956
熊本県合志市	2.660	0.894	0.198	2.730	0.894	2.788	0.846
茨城県牛久市	2.663	0.842	0.502	2.671	0.819	2.605	0.770
和歌山県有田市	2.666	0.941	0.292	2.670	0.934	2.677	0.941
福岡県小郡市	2.688	0.826	0.498	2.707	0.810	2.691	0.803
岐阜県羽島市	2.697	0.857	0.284	2.722	0.872	2.770	0.868
愛知県東海市	2.701	1.024	0.351	2.706	1.016	2.699	1.000
熊本県菊陽町	2.706	0.930	0.199	2.825	0.934	2.924	0.842
愛知県みよし市	2.706	1.101	0.288	2.725	1.077	2.713	1.092
神奈川県愛川町	2.710	0.977	0.328	2.719	0.975	2.724	0.939
静岡県伊豆の国市	2.710	0.954	0.257	2.713	0.957	2.711	0.951
青森県黒石市	2.712	0.939	0.211	2.747	0.950	2.837	0.966
埼玉県坂戸市	2.715	0.922	0.610	2.739	0.914	2.799	0.884
埼玉県杉戸町	2.719	0.873	0.599	2.736	0.841	2.746	0.801
埼玉県上尾市	2.735	0.839	0.779	2.735	0.829	2.752	0.820
奈良県天理市	2.743	1.017	0.464	2.783	1.035	2.823	1.027
大阪府高槻市	2.743	0.865	0.901	2.756	0.845	2.746	0.830
大阪府豊中市	2.744	0.892	0.820	2.745	0.885	2.758	0.877
栃木県上三川町	2.752	1.010	0.246	2.758	1.043	2.766	1.009
愛知県瀬戸市	2.765	0.904	0.349	2.790	0.901	2.784	0.894
愛知県知多市	2.766	0.780	0.354	2.764	0.771	2.764	0.769
埼玉県行田市	2.769	0.885	0.411	2.769	0.878	2.790	0.878
福岡県行橋市	2.770	0.913	0.266	2.815	0.911	2.826	0.906
佐賀県鹿島市	2.786	0.983	0.159	2.853	0.969	2.893	0.988
北海道滝川市	2.793	0.995	0.238	2.838	1.004	2.874	1.006

	標準距離 (平成22年)	昼夜間 人口比率 (平成22年)	公共交通 利用率 (平成22年)	標準距離 (平成17年)	昼夜間 人口比率 (平成17年)	標準距離 (平成12年)	昼夜間 人口比率 (平成12年)
福岡県筑紫野市	2.800	0.873	0.540	2.824	0.842	2.831	0.849
埼玉県日高市	2.801	0.920	0.436	2.842	0.852	2.877	0.821
長野県小諸市	2.809	0.975	0.135	2.795	0.968	2.779	0.979
愛知県犬山市	2.822	0.975	0.373	3.161	0.955	2.763	0.951
東京都青梅市	2.823	0.914	0.595	2.830	0.895	2.849	0.910
滋賀県野洲市	2.836	0.974	0.490	2.878	0.944	2.934	0.953
山形県寒河江市	2.840	0.992	0.153	2.873	0.994	2.967	0.998
熊本県人吉市	2.848	1.073	0.144	2.877	1.075	2.863	1.072
長野県東御市	2.857	0.951	0.131	2.886	0.934	2.892	0.924
栃木県高根沢町	2.860	0.829	0.252	2.886	0.815	2.942	0.831
兵庫県宝塚市	2.862	0.805	0.793	2.906	0.784	2.950	0.770
福井県敦賀市	2.876	1.017	0.260	2.936	1.018	3.028	1.021
山形県天童市	2.878	0.970	0.166	2.893	0.964	2.918	0.945
茨城県潮来市	2.883	0.852	0.131	2.891	0.878	2.896	0.874
滋賀県守山市	2.887	0.910	0.514	2.840	0.884	2.783	0.892
山形県上山市	2.902	0.914	0.173	2.960	0.908	3.025	0.907
福岡県大牟田市	2.906	1.041	0.282	2.917	1.031	2.919	1.032
徳島県小松島市	2.914	0.924	0.218	2.950	0.930	2.906	0.933
千葉県富里市	2.929	0.835	0.356	2.964	0.803	3.011	0.794
茨城県阿見町	2.939	0.919	0.296	2.894	0.902	2.890	0.926
埼玉県春日部市	2.941	0.820	0.712	2.947	0.802	2.955	0.777
埼玉県寄居町	2.942	0.884	0.301	2.930	0.865	2.987	0.848
高知県香南市	2.949	0.881	0.188	2.963	0.883	3.081	0.868
愛媛県東温市	2.951	1.040	0.236	3.012	1.016	3.099	0.987
神奈川県平塚市	2.963	0.996	0.680	2.961	1.011	2.979	1.010
福岡県柳川市	2.966	0.926	0.281	2.960	0.918	2.965	0.915
山形県東根市	2.981	1.041	0.156	3.058	1.045	3.116	1.036
奈良県生駒市	2.981	0.771	0.810	2.984	0.758	2.978	0.726
埼玉県東松山市	2.996	0.986	0.537	3.013	0.987	3.042	0.986
神奈川県大和市	2.998	0.872	0.775	3.014	0.868	3.026	0.858
三重県名張市	3.003	0.861	0.378	3.051	0.849	3.074	0.845
石川県かほく市	3.016	0.908	0.200	3.044	0.889	3.024	0.862
埼玉県越谷市	3.025	0.867	0.812	3.016	0.838	3.027	0.819
三重県菰野町	3.028	0.856	0.226	3.047	0.863	3.045	0.845
埼玉県所沢市	3.031	0.865	0.806	3.050	0.850	3.061	0.830
岐阜県美濃加茂市	3.033	1.032	0.225	3.076	1.054	3.122	1.036
埼玉県三郷市	3.034	0.856	0.810	3.052	0.823	3.049	0.792
長崎県大村市	3.044	0.979	0.210	3.041	0.979	3.079	0.987
愛媛県新居浜市	3.076	1.020	0.201	3.087	1.011	3.122	1.002
滋賀県近江八幡市	3.077	0.907	0.410	3.127	0.909	3.185	0.889
大阪府和泉市	3.088	0.858	0.607	3.140	0.835	3.205	0.816
大阪府東大阪市	3.090	1.032	0.721	3.098	1.039	3.108	1.040
山形県南陽市	3.103	0.937	0.166	3.208	0.938	3.315	0.953
長野県中野市	3.104	0.989	0.161	3.163	0.994	3.166	0.988
千葉県流山市	3.104	0.746	0.832	3.154	0.720	3.137	0.703
福岡県うきは市	3.117	0.903	0.184	3.153	0.901	3.218	0.911
兵庫県赤穂市	3.129	0.960	0.352	3.201	0.952	3.287	0.955
沖縄県南城市	3.141	0.836	0.096	3.150	0.815	3.137	0.798

	標準距離 (平成22年)	昼夜間 人口比率 (平成22年)	公共交通 利用率 (平成22年)	標準距離 (平成17年)	昼夜間 人口比率 (平成17年)	標準距離 (平成12年)	昼夜間 人口比率 (平成12年)
栃木県壬生町	3.142	0.904	0.246	3.152	0.886	3.164	0.882
山梨県都留市	3.143	0.966	0.197	3.144	0.960	3.115	0.965
東京都あきる野市	3.151	0.867	0.554	3.193	0.852	3.243	0.840
滋賀県湖南市	3.153	0.947	0.299	3.152	0.962	3.143	0.965
静岡県裾野市	3.158	1.074	0.207	3.166	1.035	3.166	0.978
兵庫県小野市	3.170	0.986	0.212	3.230	0.989	3.265	0.970
山梨県韮崎市	3.201	1.069	0.175	3.252	1.058	3.278	1.074
神奈川県小田原市	3.202	0.966	0.609	3.224	0.980	3.244	0.983
千葉県松戸市	3.221	0.815	0.890	3.217	0.807	3.218	0.799
北海道江別市	3.222	0.890	0.506	3.223	0.894	3.227	0.882
埼玉県川口市	3.224	0.828	0.830	3.228	0.838	3.215	0.839
岡山県浅口市	3.225	0.899	0.264	3.261	0.887	3.268	0.871
宮城県亘理町	3.238	0.829	0.315	3.238	0.821	3.251	0.803
静岡県焼津市	3.241	0.943	0.306	3.258	0.935	3.281	0.927
愛知県小牧市	3.247	1.155	0.386	3.276	1.164	3.320	1.149
茨城県龍ヶ崎市	3.257	0.864	0.493	3.274	0.872	3.311	0.899
山梨県甲府市	3.265	1.139	0.261	3.263	1.156	3.234	1.171
香川県坂出市	3.266	1.110	0.262	3.216	1.103	3.330	1.096
長野県千曲市	3.274	0.914	0.252	3.304	0.913	3.322	0.907
神奈川県秦野市	3.284	0.847	0.579	3.310	0.828	3.330	0.821
愛知県刈谷市	3.292	1.209	0.381	3.304	1.194	3.286	1.178
岐阜県養老町	3.295	0.851	0.221	3.304	0.853	3.339	0.849
京都府木津川市	3.296	0.793	0.606	3.360	0.745	3.367	0.748
高知県南国市	3.323	1.055	0.200	3.364	1.049	3.449	1.043
愛知県蒲郡市	3.326	0.934	0.326	3.324	0.947	3.345	0.951
北海道千歳市	3.326	1.047	0.315	3.408	1.056	3.423	1.039
愛知県常滑市	3.331	1.018	0.354	3.428	1.058	3.471	0.936
山形県米沢市	3.334	1.078	0.201	3.400	1.082	3.483	1.076
茨城県下妻市	3.340	0.963	0.152	3.365	0.966	3.380	0.996
千葉県八街市	3.340	0.796	0.376	3.356	0.801	3.371	0.808
富山県小矢部市	3.346	0.948	0.173	3.383	0.946	3.418	0.949
鹿児島県いちき串木野市	3.347	0.971	0.168	3.398	0.952	3.468	0.950
茨城県結城市	3.348	0.920	0.222	3.407	0.927	3.447	0.912
岐阜県土岐市	3.349	0.927	0.259	3.368	0.928	3.374	0.947
山梨県南アルプス市	3.361	0.907	0.126	3.383	0.906	3.409	0.887
千葉県茂原市	3.361	0.967	0.385	3.414	0.977	3.449	0.979
大阪府枚方市	3.372	0.878	0.798	3.366	0.851	3.343	0.834
兵庫県川西市	3.375	0.799	0.780	3.373	0.782	3.380	0.755
静岡県御殿場市	3.380	0.985	0.176	3.342	0.989	3.266	0.981
福島県本宮市	3.384	1.001	0.172	3.342	1.005	3.363	1.017
神奈川県厚木市	3.384	1.149	0.598	3.377	1.147	3.388	1.166
佐賀県小城市	3.386	0.842	0.189	3.429	0.848	3.497	0.857
山梨県甲州市	3.386	0.899	0.187	3.421	0.909	3.434	0.899
静岡県湖西市	3.386	1.121	0.255	3.392	1.068	3.408	1.084
福井県鯖江市	3.388	0.946	0.168	3.434	0.958	3.471	0.983
和歌山県橋本市	3.392	0.841	0.467	3.391	0.838	3.409	0.845
千葉県東金市	3.394	0.972	0.361	3.442	0.984	3.460	0.973
兵庫県猪名川町	3.407	0.755	0.686	3.565	0.735	3.692	0.743

	標準距離 (平成22年)	昼夜間 人口比率 (平成22年)	公共交通 利用率 (平成22年)	標準距離 (平成17年)	昼夜間 人口比率 (平成17年)	標準距離 (平成12年)	昼夜間 人口比率 (平成12年)
山形県新庄市	3.415	1.106	0.135	3.446	1.120	3.500	1.134
滋賀県彦根市	3.426	1.017	0.356	3.473	1.013	3.547	1.027
千葉県市川市	3.447	0.817	0.957	3.455	0.780	3.465	0.778
福井県大野市	3.447	0.918	0.147	3.541	0.928	3.608	0.939
愛媛県八幡浜市	3.449	1.018	0.299	3.325	1.021	3.499	1.012
兵庫県西脇市	3.453	1.006	0.146	3.455	1.021	3.471	1.012
山梨県笛吹市	3.467	0.939	0.164	3.503	0.929	3.540	0.913
岐阜県多治見市	3.485	0.870	0.337	3.495	0.862	3.504	0.863
香川県観音寺市	3.499	0.992	0.167	3.570	1.001	3.655	0.999
埼玉県鴻巣市	3.502	0.800	0.646	3.504	0.796	3.496	0.788
兵庫県加古川市	3.522	0.883	0.552	3.552	0.875	3.602	0.868
愛知県安城市	3.530	1.027	0.349	3.553	1.035	3.578	1.018
山梨県山梨市	3.532	0.901	0.199	3.663	0.896	3.707	0.906
茨城県取手市	3.552	0.854	0.665	3.559	0.842	3.531	0.817
岩手県紫波町	3.560	0.834	0.265	3.648	0.847	3.779	0.859
青森県三沢市	3.564	1.035	0.191	3.768	1.034	3.803	1.042
宮城県白石市	3.571	0.986	0.232	3.639	0.987	3.728	0.986
千葉県袖ヶ浦市	3.577	0.934	0.403	3.628	0.930	3.665	0.901
静岡県藤枝市	3.578	0.914	0.309	3.647	0.905	3.711	0.895
北海道北広島市	3.582	0.974	0.444	3.555	0.944	3.528	0.941
群馬県富岡市	3.604	1.005	0.156	3.644	0.999	3.658	1.008
北海道名寄市	3.613	1.010	0.287	3.758	1.008	3.830	1.005
山口県光市	3.613	0.952	0.216	3.670	0.945	3.719	0.937
鹿児島県姶良市	3.618	0.904	0.227	3.724	0.902	3.815	0.903
福岡県宗像市	3.619	0.826	0.445	3.677	0.816	3.779	0.813
北海道室蘭市	3.628	1.093	0.184	3.622	1.083	3.651	1.083
埼玉県川越市	3.634	0.971	0.693	3.628	0.965	3.647	0.937
三重県伊勢市	3.637	0.998	0.248	3.626	0.987	3.604	0.994
千葉県船橋市	3.650	0.842	0.908	3.647	0.837	3.652	0.817
栃木県矢板市	3.656	0.989	0.217	3.713	0.988	3.768	0.978
山口県防府市	3.677	0.983	0.202	3.763	0.988	3.820	0.980
千葉県我孫子市	3.680	0.810	0.805	3.677	0.771	3.726	0.781
宮城県名取市	3.685	0.957	0.429	3.713	0.950	3.720	0.940
福島県会津若松市	3.689	1.059	0.234	3.712	1.061	3.735	1.061
岐阜県可児市	3.691	0.921	0.277	3.695	0.902	3.758	0.882
福岡県嘉麻市	3.691	0.898	0.159	3.712	0.879	3.713	0.880
静岡県菊川市	3.702	0.951	0.209	3.766	0.952	3.783	0.942
三重県桑名市	3.705	0.929	0.396	3.883	0.922	3.756	0.918
栃木県下野市	3.708	0.907	0.342	3.694	0.882	3.700	0.877
千葉県柏市	3.715	0.898	0.861	3.690	0.900	3.705	0.865
宮城県角田市	3.727	1.025	0.187	3.747	1.008	3.786	0.989
埼玉県本庄市	3.743	1.008	0.302	3.796	1.012	3.806	1.013
新潟県五泉市	3.746	0.901	0.176	3.784	0.899	3.797	0.920
茨城県つくばみらい市	3.750	0.873	0.380	3.889	0.866	3.869	0.849
福岡県みやま市	3.758	0.866	0.246	3.779	0.845	3.791	0.838
長野県茅野市	3.762	0.981	0.125	3.809	0.976	3.856	0.977
香川県丸亀市	3.778	0.955	0.207	3.850	0.946	3.984	0.951
福岡県宮若市	3.786	1.210	0.155	3.810	1.146	3.832	1.035

187

	標準距離 (平成22年)	昼夜間 人口比率 (平成22年)	公共交通 利用率 (平成22年)	標準距離 (平成17年)	昼夜間 人口比率 (平成17年)	標準距離 (平成12年)	昼夜間 人口比率 (平成12年)
千葉県館山市	3.786	1.041	0.206	3.810	1.058	3.833	1.065
新潟県小千谷市	3.788	1.008	0.164	3.802	1.029	3.987	1.023
愛知県愛西市	3.794	0.796	0.414	3.836	0.777	3.835	0.750
神奈川県藤沢市	3.796	0.932	0.833	3.812	0.949	3.809	0.948
富山県砺波市	3.800	0.959	0.142	3.882	0.969	3.977	0.963
長崎県島原市	3.835	1.050	0.143	3.822	1.055	3.853	1.051
埼玉県久喜市	3.851	0.869	0.648	3.893	0.839	3.900	0.822
千葉県佐倉市	3.855	0.808	0.684	3.883	0.773	3.869	0.773
三重県亀山市	3.865	1.021	0.182	3.956	1.029	4.061	0.936
愛知県稲沢市	3.871	0.952	0.488	3.905	0.935	3.855	0.906
愛知県一宮市	3.873	0.869	0.470	4.008	0.872	3.898	0.871
千葉県大網白里町	3.875	0.745	0.527	3.932	0.739	3.972	0.756
茨城県那珂市	3.882	0.855	0.196	3.934	0.853	3.975	0.847
熊本県宇土市	3.894	0.888	0.224	3.963	0.885	4.097	0.904
石川県能美市	3.904	0.924	0.162	3.977	0.935	4.000	0.931
愛知県豊川市	3.910	0.952	0.304	3.898	0.955	3.898	0.950
香川県東かがわ市	3.929	0.952	0.199	3.936	0.943	4.030	0.935
岡山県総社市	3.932	0.924	0.268	4.035	0.917	4.135	0.908
福井県小浜市	3.934	1.028	0.186	3.986	1.035	4.077	1.036
静岡県袋井市	3.942	0.993	0.201	3.938	0.987	3.960	0.987
茨城県ひたちなか市	3.958	0.973	0.301	4.009	0.979	4.031	0.975
千葉県匝瑳市	3.970	0.953	0.177	3.983	0.947	3.993	0.952
福島県相馬市	3.970	1.001	0.167	4.036	1.001	4.094	1.001
宮城県東松島市	3.973	0.825	0.252	4.012	0.828	4.075	0.817
山形県山形市	3.994	1.075	0.225	4.017	1.083	4.042	1.089
新潟県胎内市	3.997	0.956	0.167	4.051	0.979	4.114	0.993
千葉県木更津市	3.999	0.963	0.341	4.149	0.974	4.235	0.977
群馬県藤岡市	4.001	0.936	0.202	4.132	0.937	4.254	0.941
福島県飯塚市	4.001	1.009	0.203	4.067	1.012	4.097	1.013
静岡県富士宮市	4.004	0.947	0.148	4.094	0.931	4.208	0.920
佐賀県神埼市	4.006	0.914	0.187	4.057	0.908	4.114	0.886
兵庫県三田市	4.014	0.903	0.680	4.150	0.902	4.218	0.881
熊本県玉名市	4.019	0.970	0.177	4.044	0.970	4.036	0.974
奈良県五條市	4.021	0.982	0.255	4.249	0.978	4.453	0.969
沖縄県名護市	4.036	1.065	0.081	4.083	1.063	4.206	1.061
静岡県熱海市	4.042	1.055	0.379	4.059	1.049	4.035	1.044
静岡県富士市	4.043	0.995	0.214	4.066	1.002	4.086	1.008
兵庫県加西市	4.073	1.018	0.183	4.092	0.986	4.107	0.968
埼玉県深谷市	4.084	0.950	0.347	4.080	0.935	4.113	0.940
北海道帯広市	4.086	1.045	0.182	4.085	1.041	4.079	1.040
北海道網走市	4.086	1.014	0.174	4.180	1.025	4.202	1.031
徳島県徳島市	4.101	1.096	0.307	4.097	1.108	4.088	1.115
岐阜県瑞浪市	4.101	0.915	0.244	4.178	0.933	4.280	0.951
千葉県旭市	4.105	0.924	0.191	4.161	0.920	4.240	0.926
富山県黒部市	4.105	1.053	0.161	4.256	1.042	4.356	1.047
新潟県燕市	4.109	1.007	0.172	4.131	1.010	4.137	1.018
岐阜県各務原市	4.123	0.932	0.335	4.144	0.902	4.163	0.893
茨城県茨城町	4.133	0.904	0.135	4.146	0.877	4.171	0.860

	標準距離 (平成22年)	昼夜間 人口比率 (平成22年)	公共交通 利用率 (平成22年)	標準距離 (平成17年)	昼夜間 人口比率 (平成17年)	標準距離 (平成12年)	昼夜間 人口比率 (平成12年)
石川県小松市	4.138	1.012	0.183	4.174	1.008	4.201	0.994
栃木県さくら市	4.142	0.935	0.217	4.094	0.940	4.186	0.934
茨城県土浦市	4.147	1.093	0.310	4.130	1.103	4.121	1.115
富山県射水市	4.148	0.953	0.172	4.197	0.953	4.226	0.953
京都府亀岡市	4.153	0.858	0.499	4.263	0.852	4.335	0.846
群馬県渋川市	4.155	0.953	0.154	4.194	0.949	4.212	0.956
群馬県桐生市	4.208	0.982	0.175	4.201	0.991	4.173	0.998
香川県さぬき市	4.208	0.937	0.206	4.218	0.935	4.287	0.935
福井県越前市	4.220	1.023	0.191	4.275	1.020	4.367	1.009
千葉県印西市	4.225	0.838	0.663	4.336	0.804	4.335	0.813
愛知県春日井市	4.226	0.914	0.499	4.258	0.898	4.296	0.885
新潟県阿賀野市	4.233	0.889	0.170	4.250	0.884	4.272	0.897
石川県加賀市	4.245	0.967	0.170	4.277	0.953	4.325	0.962
北海道旭川市	4.248	1.005	0.307	4.266	1.007	4.283	1.008
鳥取県米子市	4.249	1.046	0.214	4.307	1.055	4.346	1.068
高知県高知市	4.254	1.029	0.338	4.270	1.035	4.286	1.042
鹿児島県出水市	4.255	1.002	0.119	4.327	1.016	4.426	1.021
神奈川県横須賀市	4.256	0.913	0.739	4.259	0.906	4.263	0.888
岐阜県大垣市	4.257	1.055	0.321	4.334	1.039	4.419	1.054
埼玉県飯能市	4.266	0.887	0.541	4.436	0.882	4.538	0.892
栃木県足利市	4.287	0.971	0.185	4.296	0.973	4.304	0.988
徳島県鳴門市	4.290	0.962	0.199	4.305	0.953	4.283	0.965
静岡県御前崎市	4.294	0.952	0.154	4.337	0.948	4.344	0.981
和歌山県新宮市	4.298	1.096	0.208	4.485	1.100	4.547	1.093
栃木県小山市	4.319	1.011	0.347	4.403	1.011	4.478	1.030
栃木県真岡市	4.327	1.005	0.149	4.367	1.030	4.470	1.016
秋田県潟上市	4.329	0.813	0.221	4.326	0.816	4.331	0.823
岩手県滝沢村	4.331	0.864	0.259	4.384	0.893	4.459	0.858
熊本県菊池市	4.339	1.018	0.128	4.384	1.027	4.459	1.013
兵庫県明石市	4.344	0.901	0.705	4.378	0.899	4.392	0.888
静岡県沼津市	4.345	1.075	0.324	4.414	1.083	4.459	1.093
東京都八王子市	4.366	0.997	0.801	4.355	0.987	4.354	1.003
兵庫県西宮市	4.369	0.892	0.841	4.365	0.879	4.343	0.878
北海道北斗市	4.382	0.901	0.209	4.529	0.898	4.609	0.895
大阪府堺市	4.403	0.944	0.712	4.426	0.935	4.444	0.929
北海道音更町	4.406	0.859	0.149	4.558	0.866	4.707	0.855
静岡県伊東市	4.413	0.968	0.222	4.391	0.970	4.341	0.971
茨城県鹿嶋市	4.430	1.076	0.126	4.415	1.073	4.379	1.092
宮崎県日向市	4.432	0.998	0.173	4.567	0.997	4.658	1.007
群馬県伊勢崎市	4.438	0.989	0.192	4.418	0.986	4.397	0.990
岡山県玉野市	4.442	0.971	0.283	4.451	0.943	4.453	0.932
宮崎県西都市	4.451	0.961	0.135	4.553	0.960	4.675	0.965
富山県氷見市	4.452	0.860	0.125	4.538	0.841	4.630	0.843
福岡県糸島市	4.453	0.804	0.449	4.541	0.791	4.631	0.780
山口県柳井市	4.472	1.034	0.216	4.592	1.037	4.733	1.036
愛知県豊橋市	4.493	0.979	0.287	4.491	0.982	4.444	0.996
石川県金沢市	4.497	1.080	0.287	4.504	1.087	4.471	1.095
和歌山県海南市	4.498	0.951	0.302	4.533	0.941	4.533	0.947

	標準距離 (平成22年)	昼夜間 人口比率 (平成22年)	公共交通 利用率 (平成22年)	標準距離 (平成17年)	昼夜間 人口比率 (平成17年)	標準距離 (平成12年)	昼夜間 人口比率 (平成12年)
兵庫県加東市	4.504	1.104	0.170	4.513	1.087	4.541	1.075
群馬県みどり市	4.508	0.899	0.145	4.713	0.892	4.883	0.907
埼玉県秩父市	4.512	0.966	0.238	4.662	0.973	4.813	0.979
千葉県銚子市	4.537	0.982	0.212	4.514	0.982	4.435	0.991
埼玉県熊谷市	4.557	0.986	0.436	4.567	0.996	4.567	0.991
茨城県北茨城市	4.561	0.916	0.221	4.594	0.922	4.615	0.914
沖縄県石垣市	4.563	0.998	0.162	4.512	0.999	4.493	1.002
北海道登別市	4.567	0.864	0.209	4.631	0.866	4.705	0.865
東京都町田市	4.600	0.910	0.895	4.585	0.900	4.499	0.878
岐阜県海津市	4.606	0.853	0.224	4.603	0.842	4.571	0.828
茨城県水戸市	4.619	1.128	0.282	4.638	1.151	4.639	1.158
茨城県古河市	4.622	0.932	0.336	4.651	0.917	4.690	0.918
岩手県北上市	4.640	1.042	0.179	4.727	1.047	4.845	1.051
新潟県三条市	4.647	1.037	0.195	4.743	1.038	4.724	1.030
三重県いなべ市	4.653	1.062	0.221	4.769	1.056	4.757	0.990
鳥取県倉吉市	4.660	1.114	0.175	4.697	1.116	4.727	1.113
和歌山県和歌山市	4.683	1.044	0.345	4.697	1.042	4.685	1.042
鹿児島県指宿市	4.701	0.988	0.157	4.743	0.977	4.771	0.976
埼玉県加須市	4.701	0.906	0.446	4.736	0.896	4.756	0.886
山口県山陽小野田市	4.703	0.962	0.191	4.746	0.951	4.748	0.958
茨城県坂東市	4.703	0.942	0.156	4.735	0.933	4.771	0.932
新潟県新発田市	4.719	0.980	0.195	4.798	0.976	4.874	0.983
青森県八戸市	4.731	1.051	0.179	4.762	1.053	4.793	1.060
愛知県西尾市	4.748	1.007	0.250	4.804	1.020	4.813	0.944
群馬県安中市	4.753	0.921	0.189	4.837	0.908	4.915	0.912
千葉県いすみ市	4.762	0.880	0.273	4.777	0.858	4.820	0.859
三重県鈴鹿市	4.763	0.948	0.263	4.829	0.945	4.910	0.945
岡山県瀬戸内市	4.781	0.940	0.255	4.917	0.914	5.044	0.899
長野県飯田市	4.809	1.047	0.085	4.994	1.045	5.176	1.050
長野県安曇野市	4.831	0.919	0.193	4.834	0.922	4.848	0.922
富山県高岡市	4.841	1.013	0.186	4.834	1.024	4.840	1.028
静岡県磐田市	4.844	1.017	0.211	4.834	1.002	4.876	0.979
広島県廿日市市	4.852	0.884	0.458	4.967	0.872	5.062	0.866
愛知県岡崎市	4.874	0.939	0.339	4.921	0.931	4.969	0.936
北海道岩見沢市	4.877	0.963	0.327	4.995	0.961	5.057	0.961
岡山県笠岡市	4.883	0.954	0.242	4.991	0.948	5.192	0.950
長野県伊那市	4.884	1.005	0.102	4.961	1.007	5.073	1.003
佐賀県武雄市	4.891	0.978	0.151	4.947	0.973	4.955	0.969
群馬県沼田市	4.912	0.977	0.133	5.049	0.989	5.112	0.995
京都府舞鶴市	4.926	0.992	0.209	4.970	0.996	5.016	0.999
青森県弘前市	4.935	1.066	0.269	5.003	1.061	5.048	1.060
群馬県太田市	4.943	1.059	0.190	4.928	1.064	4.932	1.043
沖縄県うるま市	4.951	0.935	0.093	5.052	0.918	5.173	0.903
奈良県奈良市	4.963	0.946	0.750	5.060	0.922	5.120	0.922
三重県四日市市	4.963	1.035	0.322	4.998	1.035	4.999	1.048
奈良県宇陀市	4.985	0.838	0.432	5.056	0.820	5.133	0.822
岐阜県岐阜市	4.997	1.038	0.372	4.999	1.048	4.940	1.068
青森県十和田市	5.005	1.008	0.160	5.325	1.015	5.524	1.010

190

	標準距離 (平成22年)	昼夜間 人口比率 (平成22年)	公共交通 利用率 (平成22年)	標準距離 (平成17年)	昼夜間 人口比率 (平成17年)	標準距離 (平成12年)	昼夜間 人口比率 (平成12年)
山口県宇部市	5.024	1.009	0.207	5.079	1.013	5.129	1.011
岡山県井原市	5.046	0.958	0.154	5.162	0.958	5.268	0.959
熊本県山鹿市	5.051	0.967	0.115	5.141	0.961	5.209	0.967
佐賀県伊万里市	5.054	1.058	0.107	5.208	1.040	5.331	1.035
青森県平川市	5.060	0.902	0.215	5.168	0.892	5.297	0.877
岩手県釜石市	5.085	1.049	0.179	5.105	1.045	5.104	1.048
長野県塩尻市	5.122	0.991	0.208	5.298	0.973	5.492	0.967
静岡県島田市	5.148	0.934	0.270	5.256	0.939	5.375	0.939
千葉県野田市	5.166	0.930	0.515	5.300	0.910	5.330	0.891
長野県佐久市	5.167	1.000	0.133	5.256	1.005	5.315	1.017
徳島県阿南市	5.172	1.002	0.186	5.122	0.991	5.316	0.982
静岡県牧之原市	5.178	1.063	0.162	5.213	1.050	5.201	1.037
佐賀県佐賀市	5.207	1.074	0.279	5.303	1.071	5.364	1.075
千葉県鴨川市	5.208	1.025	0.190	5.328	1.026	5.407	1.013
茨城県笠間市	5.222	0.888	0.249	5.265	0.888	5.281	0.888
滋賀県米原市	5.223	0.894	0.289	5.363	0.890	5.313	0.894
栃木県佐野市	5.239	1.000	0.187	5.343	1.000	5.439	0.998
群馬県前橋市	5.242	1.045	0.216	5.243	1.050	5.207	1.053
福島県喜多方市	5.246	0.970	0.150	5.299	0.963	5.405	0.970
栃木県鹿沼市	5.247	0.976	0.184	5.393	0.977	5.530	0.979
福島県須賀川市	5.248	0.943	0.156	5.362	0.943	5.460	0.942
茨城県小美玉市	5.259	0.965	0.190	5.256	0.967	5.271	0.946
和歌山県紀の川市	5.273	0.908	0.262	5.331	0.894	5.338	0.878
徳島県吉野川市	5.289	0.917	0.207	5.304	0.919	5.375	0.914
埼玉県さいたま市	5.297	0.928	0.872	5.296	0.919	5.299	0.916
千葉県成田市	5.308	1.267	0.489	5.424	1.337	5.523	1.327
兵庫県洲本市	5.323	1.040	0.216	5.372	1.034	5.408	1.048
茨城県筑西市	5.335	0.966	0.175	5.370	0.957	5.385	0.959
福島県伊達市	5.337	0.900	0.197	5.410	0.899	5.483	0.901
茨城県かすみがうら市	5.363	0.862	0.234	5.428	0.836	5.494	0.815
北海道稚内市	5.366	1.005	0.177	5.569	1.005	5.710	1.005
北海道小樽市	5.400	1.016	0.406	5.391	1.009	5.360	1.003
福井県福井市	5.426	1.104	0.211	5.491	1.110	5.570	1.110
福島県郡山市	5.439	1.057	0.236	5.557	1.060	5.696	1.062
長野県上田市	5.445	1.025	0.177	5.544	1.027	5.570	1.030
福島県福島市	5.450	1.035	0.278	5.526	1.034	5.638	1.042
京都府綾部市	5.451	1.012	0.191	5.549	1.028	5.739	1.006
熊本県八代市	5.460	1.001	0.229	5.616	1.004	5.767	1.001
兵庫県南あわじ市	5.480	0.966	0.172	5.534	0.975	5.552	0.969
兵庫県三木市	5.484	0.964	0.317	5.528	0.954	5.519	0.931
茨城県桜川市	5.487	0.900	0.170	5.486	0.913	5.517	0.928
岐阜県本巣市	5.506	0.970	0.203	5.761	0.951	6.039	0.938
鹿児島県志布志市	5.529	1.027	0.071	5.604	1.024	5.682	1.016
香川県高松市	5.550	1.045	0.336	5.625	1.055	5.671	1.064
宮崎県日南市	5.553	0.996	0.156	5.627	0.991	5.682	0.995
岩手県盛岡市	5.556	1.064	0.373	5.616	1.064	5.639	1.065
兵庫県たつの市	5.564	0.956	0.279	5.605	0.940	5.684	0.911
富山県南砺市	5.592	0.970	0.130	5.714	0.967	5.929	0.955

191

	標準距離 (平成22年)	昼夜間 人口比率 (平成22年)	公共交通 利用率 (平成22年)	標準距離 (平成17年)	昼夜間 人口比率 (平成17年)	標準距離 (平成12年)	昼夜間 人口比率 (平成12年)
愛媛県松山市	5.599	1.013	0.361	5.586	1.020	5.820	1.023
岡山県赤磐市	5.623	0.849	0.202	5.783	0.849	5.932	0.817
千葉県山武市	5.632	0.871	0.292	5.655	0.854	5.659	0.860
茨城県石岡市	5.660	0.909	0.237	5.712	0.915	5.755	0.925
福島県南相馬市	5.662	0.980	0.151	5.753	0.976	5.808	0.989
岩手県大船渡市	5.667	1.030	0.125	5.676	1.033	5.725	1.026
三重県志摩市	5.681	0.931	0.158	5.757	0.932	5.834	0.950
福岡県朝倉市	5.695	1.052	0.221	5.749	1.045	5.789	1.044
秋田県秋田市	5.702	1.046	0.277	5.754	1.051	5.811	1.052
徳島県阿波市	5.710	0.912	0.132	5.722	0.903	5.741	0.897
栃木県宇都宮市	5.730	1.046	0.289	5.724	1.061	5.734	1.067
香川県三豊市	5.736	0.927	0.145	5.792	0.917	5.875	0.915
北海道苫小牧市	5.768	1.001	0.234	5.597	1.001	5.420	1.004
茨城県常総市	5.776	1.010	0.206	5.699	1.032	5.627	1.021
宮城県気仙沼市	5.793	1.000	0.106	5.820	0.998	5.864	1.002
京都府京都市	5.794	1.085	0.693	5.839	1.084	5.878	1.089
長野県松本市	5.815	1.072	0.259	5.907	1.080	6.082	1.085
秋田県大館市	5.821	1.016	0.155	5.935	1.009	6.024	1.004
福島県白河市	5.821	1.006	0.149	5.886	1.017	5.899	1.011
熊本県熊本市	5.837	1.031	0.326	5.883	1.034	5.904	1.046
徳島県美馬市	5.840	0.974	0.137	5.984	0.968	6.123	0.993
愛媛県伊予市	5.847	0.902	0.258	5.960	0.907	6.132	0.912
大阪府大阪市	5.850	1.328	0.828	5.903	1.380	5.955	1.412
岡山県津山市	5.869	1.026	0.146	5.945	1.027	6.032	1.039
新潟県柏崎市	5.885	1.021	0.180	6.147	1.014	6.323	1.020
山形県酒田市	5.897	1.036	0.123	6.000	1.042	6.132	1.047
北海道伊達市	5.965	0.954	0.206	6.373	0.959	6.804	0.956
福井県坂井市	6.032	0.890	0.150	6.098	0.885	6.147	0.891
宮城県仙台市	6.045	1.073	0.522	6.056	1.077	6.020	1.082
大分県日田市	6.075	1.007	0.156	6.337	1.010	6.642	1.012
鹿児島県鹿屋市	6.079	1.012	0.086	6.266	1.015	6.417	1.020
神奈川県相模原市	6.091	0.879	0.748	6.186	0.873	6.309	0.857
愛媛県四国中央市	6.091	1.010	0.142	6.134	1.016	6.207	1.013
新潟県魚沼市	6.097	0.955	0.158	6.177	0.970	6.494	0.980
栃木県大田原市	6.108	1.055	0.158	6.228	1.043	6.311	1.025
滋賀県東近江市	6.113	0.935	0.279	6.118	0.929	6.189	0.944
千葉県富津市	6.136	0.918	0.286	6.182	0.887	6.245	0.900
愛媛県西条市	6.137	0.974	0.182	6.166	0.981	6.214	0.988
福島県二本松市	6.147	0.944	0.145	6.251	0.939	6.369	0.924
長崎県諫早市	6.154	1.011	0.207	6.202	1.023	6.253	1.013
山梨県北杜市	6.160	1.007	0.135	6.161	0.995	6.218	0.981
島根県益田市	6.161	1.007	0.135	6.333	1.006	6.495	1.010
福岡県久留米市	6.165	1.006	0.362	6.224	1.009	6.330	1.007
静岡県掛川市	6.182	1.004	0.217	6.286	0.997	6.386	0.999
茨城県稲敷市	6.193	0.924	0.144	6.285	0.908	6.156	0.891
沖縄県宮古島市	6.212	1.001	0.059	6.447	1.001	6.654	1.001
広島県府中市	6.214	1.023	0.159	6.269	1.046	6.367	1.068
青森県青森市	6.216	1.017	0.336	6.302	1.018	6.320	1.018

	標準距離 (平成22年)	昼夜間 人口比率 (平成22年)	公共交通 利用率 (平成22年)	標準距離 (平成17年)	昼夜間 人口比率 (平成17年)	標準距離 (平成12年)	昼夜間 人口比率 (平成12年)
岡山県備前市	6.237	1.029	0.235	6.224	1.018	6.213	1.020
宮崎県小林市	6.238	0.999	0.110	6.392	0.994	6.459	1.001
石川県七尾市	6.245	1.038	0.178	6.295	1.031	6.395	1.029
群馬県高崎市	6.278	1.029	0.245	6.381	1.023	6.490	1.019
大分県臼杵市	6.327	0.951	0.175	6.412	0.953	6.543	0.953
大分県大分市	6.340	1.022	0.263	6.447	1.026	6.537	1.028
愛知県新城市	6.369	0.955	0.179	6.517	0.951	6.650	0.941
北海道函館市	6.370	1.027	0.260	6.549	1.033	6.761	1.024
秋田県鹿角市	6.387	0.973	0.132	6.457	0.979	6.561	0.975
栃木県栃木市	6.418	0.966	0.251	6.482	0.964	6.549	0.968
兵庫県篠山市	6.427	0.941	0.306	6.567	0.946	6.614	0.939
千葉県香取市	6.440	0.908	0.194	6.410	0.900	6.447	0.908
茨城県鉾田市	6.460	0.907	0.125	6.448	0.903	6.448	0.917
茨城県つくば市	6.462	1.087	0.365	6.686	1.090	6.871	1.074
長野県長野市	6.469	1.042	0.307	6.582	1.044	6.700	1.054
茨城県日立市	6.479	1.075	0.302	6.445	1.064	6.364	1.066
岩手県久慈市	6.487	1.015	0.166	6.613	1.018	6.726	1.019
岐阜県関市	6.519	1.001	0.167	6.778	0.985	7.076	0.972
千葉県君津市	6.546	0.979	0.303	6.707	0.964	6.836	0.971
茨城県行方市	6.546	0.925	0.100	6.541	0.915	6.527	0.913
鹿児島県鹿児島市	6.547	1.015	0.312	6.606	1.020	6.658	1.017
滋賀県高島市	6.566	0.936	0.314	6.621	0.945	6.693	0.946
滋賀県長浜市	6.578	0.985	0.273	6.718	0.991	6.848	0.981
宮崎県都城市	6.578	1.037	0.134	6.734	1.034	6.852	1.028
千葉県市原市	6.584	0.948	0.468	6.684	0.931	6.806	0.937
福岡県福岡市	6.593	1.119	0.629	6.592	1.134	6.654	1.146
宮崎県延岡市	6.597	1.013	0.199	6.740	1.009	6.832	1.010
京都府福知山市	6.636	1.059	0.177	6.837	1.066	6.958	1.062
栃木県那須塩原市	6.659	0.951	0.174	6.793	0.944	6.903	0.951
島根県安来市	6.665	0.963	0.204	6.785	0.963	6.901	0.961
富山県富山市	6.669	1.063	0.215	6.778	1.062	6.873	1.063
千葉県千葉市	6.670	0.975	0.796	6.655	0.972	6.604	0.972
鹿児島県日置市	6.674	0.945	0.173	6.766	0.942	6.830	0.941
新潟県十日町市	6.680	0.981	0.118	6.821	0.980	6.900	0.974
宮崎県宮崎市	6.687	1.021	0.239	6.766	1.022	6.817	1.024
大分県杵築市	6.693	0.965	0.141	6.740	1.007	6.907	0.993
茨城県常陸大宮市	6.769	0.935	0.140	6.830	0.922	6.899	0.927
愛知県名古屋市	6.784	1.135	0.645	6.756	1.147	6.733	1.170
静岡県伊豆市	6.810	0.940	0.190	6.880	0.924	6.964	0.918
石川県白山市	6.812	0.963	0.201	7.091	0.949	7.371	0.919
愛媛県大洲市	6.854	1.009	0.171	7.012	1.018	7.317	1.028
大分県宇佐市	6.856	0.970	0.136	7.045	0.969	7.191	0.970
秋田県能代市	6.859	1.051	0.162	6.943	1.051	7.032	1.054
広島県福山市	6.873	1.004	0.246	6.945	1.005	7.034	1.006
島根県松江市	6.899	1.048	0.241	7.024	1.049	7.075	1.039
大分県中津市	6.956	1.024	0.176	7.317	1.017	7.524	1.019
福岡県八女市	6.966	1.007	0.161	7.114	0.997	7.226	0.975
兵庫県姫路市	6.991	1.011	0.419	7.157	1.019	7.296	1.028

	標準距離 (平成22年)	昼夜間 人口比率 (平成22年)	公共交通 利用率 (平成22年)	標準距離 (平成17年)	昼夜間 人口比率 (平成17年)	標準距離 (平成12年)	昼夜間 人口比率 (平成12年)
岡山県倉敷市	7.029	0.989	0.281	7.100	0.985	7.179	0.984
広島県三原市	7.040	1.016	0.271	7.161	1.013	7.261	1.008
新潟県南魚沼市	7.073	0.996	0.149	7.112	0.986	7.141	0.980
静岡県静岡市	7.074	1.033	0.431	7.171	1.036	7.257	1.043
秋田県男鹿市	7.076	0.937	0.172	7.147	0.933	7.204	0.926
鹿児島県曽於市	7.078	0.952	0.076	7.166	0.959	7.232	0.955
新潟県妙高市	7.089	0.976	0.145	7.175	0.985	7.215	1.004
三重県伊賀市	7.115	1.042	0.204	7.217	1.028	7.366	1.005
長崎県長崎市	7.136	1.032	0.380	7.228	1.028	7.498	1.030
青森県つがる市	7.137	0.947	0.148	7.174	0.956	7.116	0.952
鹿児島県霧島市	7.164	1.018	0.172	7.426	1.017	7.608	1.023
鹿児島県南さつま市	7.196	1.011	0.073	7.369	0.998	7.535	0.996
神奈川県川崎市	7.200	0.895	0.943	7.187	0.871	7.166	0.878
北海道札幌市	7.203	1.006	0.622	7.243	1.009	7.282	1.013
滋賀県甲賀市	7.237	0.983	0.257	7.403	0.977	7.554	0.953
岡山県岡山市	7.263	1.042	0.374	7.360	1.054	7.464	1.063
山口県周南市	7.272	1.037	0.240	7.365	1.033	7.418	1.043
愛媛県宇和島市	7.278	1.015	0.279	7.221	1.015	7.496	1.017
三重県松阪市	7.282	0.962	0.236	7.521	0.967	7.829	0.975
広島県呉市	7.285	0.986	0.363	7.386	0.979	7.507	0.976
広島県尾道市	7.336	0.994	0.243	7.381	0.985	7.433	0.976
秋田県湯沢市	7.352	1.018	0.159	7.424	1.024	7.491	1.026
茨城県常陸太田市	7.354	0.832	0.161	7.458	0.834	7.563	0.835
岩手県花巻市	7.414	0.963	0.180	7.556	0.960	7.670	0.963
熊本県宇城市	7.438	0.982	0.199	7.712	0.977	7.846	0.953
長崎県南島原市	7.450	0.938	0.134	7.434	0.935	7.406	0.935
島根県出雲市	7.459	0.984	0.160	7.612	0.981	7.771	0.981
秋田県横手市	7.504	1.022	0.137	7.585	1.013	7.672	1.008
大分県豊後大野市	7.523	0.964	0.123	7.591	0.960	7.686	0.961
宮城県登米市	7.526	0.960	0.115	7.604	0.954	7.675	0.957
青森県五所川原市	7.541	1.021	0.173	7.687	1.021	7.870	1.040
岩手県奥州市	7.543	0.972	0.153	7.686	0.966	7.809	0.974
兵庫県丹波市	7.561	0.956	0.195	7.639	0.961	7.694	0.960
新潟県糸魚川市	7.562	0.990	0.145	7.722	0.990	7.957	0.987
鳥取県鳥取市	7.565	1.037	0.233	7.718	1.039	7.890	1.040
広島県広島市	7.581	1.021	0.530	7.646	1.026	7.725	1.033
山口県長門市	7.587	0.983	0.149	7.730	0.983	7.885	0.983
福島県田村市	7.600	0.897	0.160	7.664	0.902	7.659	0.893
兵庫県朝来市	7.708	1.007	0.164	7.811	0.997	7.864	1.005
島根県雲南市	7.747	0.946	0.107	7.845	0.935	7.918	0.930
大分県由布市	7.747	0.983	0.174	7.727	0.958	7.722	0.951
三重県津市	7.832	1.029	0.300	8.018	1.022	8.185	1.022
愛知県豊田市	7.838	1.089	0.245	8.041	1.089	8.220	1.050
広島県東広島市	7.859	0.988	0.347	8.163	0.982	8.461	0.966
愛媛県今治市	7.869	1.012	0.216	7.828	1.007	8.119	1.007
鹿児島県南九州市	7.879	1.004	0.085	7.869	1.011	7.943	1.005
広島県安芸高田市	7.895	0.997	0.169	8.102	0.991	8.065	0.985
岐阜県高山市	7.905	1.015	0.157	8.057	1.024	8.233	1.022

	標準距離 (平成22年)	昼夜間 人口比率 (平成22年)	公共交通 利用率 (平成22年)	標準距離 (平成17年)	昼夜間 人口比率 (平成17年)	標準距離 (平成12年)	昼夜間 人口比率 (平成12年)
島根県大田市	7.918	0.981	0.127	8.038	0.978	8.189	0.980
宮城県石巻市	7.958	1.009	0.211	8.150	1.001	8.257	0.997
鹿児島県奄美市	8.027	1.009	0.208	8.059	1.006	8.083	1.011
兵庫県淡路市	8.055	0.964	0.288	8.113	0.967	8.102	0.963
佐賀県唐津市	8.055	0.966	0.201	8.243	0.964	8.397	0.964
愛知県田原市	8.063	1.066	0.181	8.075	1.053	8.159	1.025
兵庫県豊岡市	8.084	1.020	0.181	8.237	1.022	8.368	1.021
千葉県南房総市	8.216	0.895	0.199	8.264	0.885	8.297	0.878
京都府京丹後市	8.238	0.973	0.154	8.305	0.975	8.402	0.972
岐阜県恵那市	8.258	0.961	0.166	8.348	0.962	8.492	0.954
滋賀県大津市	8.273	0.921	0.620	8.351	0.923	8.380	0.935
岡山県高梁市	8.347	1.051	0.196	8.441	1.051	8.540	1.038
高知県四万十市	8.374	1.032	0.165	8.498	1.042	8.723	1.031
福岡県北九州市	8.383	1.027	0.364	8.368	1.028	8.354	1.034
長崎県雲仙市	8.419	0.942	0.167	8.477	0.935	8.510	0.932
茨城県神栖市	8.487	1.065	0.133	8.654	1.065	8.613	1.075
北海道釧路市	8.498	1.005	0.192	8.818	1.005	9.019	1.013
岐阜県中津川市	8.537	0.991	0.134	8.647	0.987	8.664	0.982
山形県鶴岡市	8.551	1.009	0.140	8.741	1.008	8.937	1.004
神奈川県横浜市	8.566	0.915	0.907	8.582	0.904	8.554	0.905
岡山県新見市	8.595	0.975	0.168	8.781	0.978	8.862	0.980
新潟県上越市	8.653	1.002	0.149	8.902	1.002	9.093	1.001
宮城県栗原市	8.678	0.982	0.130	8.771	0.971	8.813	0.969
岩手県宮古市	8.706	1.016	0.191	8.906	1.016	9.082	1.011
山口県岩国市	8.730	0.982	0.280	8.906	0.976	9.060	0.973
京都府南丹市	8.776	1.032	0.368	9.003	1.016	9.216	0.980
大分県佐伯市	8.821	0.996	0.173	8.934	0.993	9.099	0.990
長崎県西海市	8.828	0.995	0.169	8.883	0.992	9.062	0.989
大分県国東市	8.880	1.043	0.111	8.884	1.045	8.912	1.031
静岡県浜松市	8.898	0.997	0.247	9.155	1.007	9.472	1.009
広島県三次市	8.932	1.016	0.129	9.296	1.023	9.343	1.023
島根県浜田市	8.934	1.023	0.155	8.726	1.020	8.834	1.017
新潟県長岡市	8.960	1.026	0.209	9.144	1.028	9.420	1.020
長崎県佐世保市	8.985	1.013	0.213	9.337	1.014	9.785	1.015
兵庫県宍粟市	9.089	0.943	0.143	9.207	0.954	9.266	0.958
岡山県美作市	9.112	0.971	0.101	9.240	0.975	9.311	0.977
栃木県日光市	9.118	0.952	0.188	9.287	0.944	9.632	0.949
長崎県五島市	9.223	0.998	0.105	9.505	0.998	7.102	0.997
福島県いわき市	9.450	0.995	0.158	9.564	1.001	9.702	0.999
兵庫県神戸市	9.500	1.026	0.750	9.455	1.018	9.378	1.030
和歌山県田辺市	9.505	1.014	0.152	9.736	1.018	9.898	1.019
長崎県平戸市	9.509	0.976	0.119	9.602	0.974	9.627	0.976
北海道北見市	9.529	1.000	0.184	9.837	0.999	10.196	1.000
秋田県大仙市	9.539	0.992	0.152	9.644	0.994	9.696	0.991
新潟県新潟市	9.664	1.018	0.301	9.731	1.020	9.781	1.015
青森県むつ市	9.750	0.989	0.153	10.227	0.994	10.697	0.995
北海道石狩市	9.852	1.033	0.408	10.551	1.019	11.367	0.977
秋田県北秋田市	9.862	0.991	0.153	10.099	0.996	10.216	0.998

	標準距離 (平成22年)	昼夜間 人口比率 (平成22年)	公共交通 利用率 (平成22年)	標準距離 (平成17年)	昼夜間 人口比率 (平成17年)	標準距離 (平成12年)	昼夜間 人口比率 (平成12年)
東京都特別区	10.044	1.309	0.895	10.069	1.351	10.096	1.375
宮城県大崎市	10.294	0.981	0.211	10.721	0.984	11.007	0.987
山口県山口市	10.340	1.011	0.258	10.678	1.012	11.007	1.013
山口県下関市	10.362	0.986	0.264	10.597	0.987	10.753	0.985
鹿児島県薩摩川内市	10.532	1.018	0.156	13.912	1.015	14.553	1.025
愛媛県西予市	10.692	0.968	0.158	10.852	0.963	11.099	0.963
岡山県真庭市	11.153	0.984	0.109	11.221	0.982	11.260	0.986
岐阜県郡上市	11.337	0.979	0.114	11.399	0.982	11.426	0.980
岐阜県下呂市	11.357	0.997	0.123	11.399	0.998	11.446	0.999
秋田県由利本荘市	11.717	0.977	0.156	12.028	0.976	12.207	0.970
新潟県佐渡市	11.756	1.002	0.093	11.899	1.001	12.040	1.001
岩手県一関市	11.931	1.008	0.149	12.002	1.014	12.057	1.003
新潟県村上市	12.287	0.975	0.158	12.442	0.970	12.528	0.974
広島県庄原市	12.678	1.011	0.107	12.759	1.002	12.851	1.001
山口県萩市	12.690	0.983	0.210	12.900	0.982	13.119	0.983
熊本県天草市	14.409	0.998	0.139	14.618	0.995	14.816	0.995
長崎県対馬市	18.411	1.001	0.083	19.805	1.003	19.812	1.003

＊本別表は日本評論社ホームページで「コンパクトシティと都市居住の経済分析」を検索することで、閲覧できます。

初出一覧

　下記の章は、以下の学術雑誌に掲載された論文に大幅に加筆、修正を加えたものである。

第2章　コンパクトシティの概念と指標
第3章　経済財政上の効果と課題
　「コンパクトシティが都市財政に与える影響」『季刊住宅土地経済』No.98、pp. 28-35、2015年
　「コンパクトシティが都市財政に与える影響――標準距離による検証」『都市住宅学』95号、pp.142-150、2016年

第7章　都市居住の効用を反映する資産評価
　「周辺環境や属性構造の変化を踏まえた東京都区部におけるマンション取引価格のリピートセールス法による価格推計」『公益社団法人日本不動産学会2016年度秋季全国大会（第32回学術講演会）論文集』、pp.107-114、2016年
　「中古マンションの不動産価格指数の推計におけるリピートセールス法導入の可能性」『土地総合研究』第24巻第4号、pp.105-111、2016年

第8章　都市居住における教育の価値
　「東京都都区部の教育水準と地価」『都市住宅学』87号、pp.80-85、2014年

第9章　持続可能性の観点からの住宅リフォームの可能性
　「省エネルギー・環境に配慮した住宅の経済効果」『都市住宅学』64号、pp.119-129、2009年

著者紹介
沓澤隆司(くつざわ・りゅうじ)

1963年生まれ。東京大学法学部卒業。ロンドン大学政治経済学院修士課程修了(地域・都市計画士)。経済学博士(大阪大学)。国土交通省を経て、大阪大学社会経済研究所准教授。その後国土交通省にもどったのち、2014年7月より政策研究大学院大学教授。
著書:『住宅・不動産金融市場の経済分析——証券化とローンの選択行動』(日本評論社、2008年)

コンパクトシティと都市居住の経済分析
2017年2月20日／第1版第1刷発行

著　者／沓澤隆司
発行者／串崎　浩
発行所／株式会社日本評論社
　〒170-8474 東京都豊島区南大塚3-12-4　電話03(3987)8621(販売)　振替00100-3-16
　　https://www.nippyo.co.jp/　　　　　　　03(3987)8598(編集)

Ⓒ 2017　R. Kutsuzawa
印　刷／精文堂印刷株式会社
製　本／株式会社松岳社
装　幀／銀山宏子
Printed in Japan
ISBN 978-4-535-55825-0

JCOPY 〈(社)出版者著作権管理機構 委託出版物〉
本書の無断複写は著作権法上での例外を除き禁じられています。複写される場合は、そのつど事前に、(社)出版者著作権管理機構(電話 03-3513-6969、FAX 03-3513-6979、e-mail:info@jcopy.or.jp)の許諾を得てください。また、本書を代行業者等の第三者に依頼してスキャニング等の行為によりデジタル化することは、個人の家庭内の利用であっても、一切認められておりません。

住宅・不動産金融市場の経済分析

証券化とローンの選択行動

沓澤隆司 [著]

- ◉住宅ローン・不動産の証券化に代表される「住宅・不動産金融市場」を分析した本格的研究書。
- ◉住宅・不動産市場の性能面にまで踏み込み、リスクに強く、健全なキャッシュフロー・システムを提示。

不動産の証券化は取引の小口・流動化を可能にする反面、投機的な取引を助長する危険がある。今この市場に何が必要かを問題提起。

目次

- 第Ⅰ部 住宅ローン市場における行動分析
- 第Ⅱ部 不動産証券化市場における行動分析
- 第Ⅲ部 住宅・不動産評価の新たな方向性

◆ISBN978-4-535-55546-4／A5判／本体3800円＋税

日本評論社
https://www.nippyo.co.jp/